VOIR LES ANIMAUX

L'univers des baleines et des dauphins

GÉRARD SOURY

FLEURUS BBC

fleuruseditions.com

Texte : Gérard Soury
Conception graphique de la collection : Studio Bosson
Packaging éditorial : Bruno Porlier
Contribution rédactionnelle : Dominique Maurel-Mojal
Index : Nine Lescalet

Film *Le Mystère de la baleine franche* : BBC
Prémastering : DVD Maker

Direction éditoriale : Christophe Savouré
Direction du développement : Nicolas Ragonneau
Direction artistique : Laurent Quellet et Isabelle Mayer
Édition : Elodie Lépine
Fabrication : Thierry Dubus et Marie Guibert

Tous nos remerciements à Delphine Pascarellie, Julie Thiéblemont, Juliette Saumande et Danielle Védrinelle pour leur aide précieuse.

Dépôt légal : avril 2004
ISBN : 978-2-215-05559-4
N° d'édition : M 10062 - Code MDS : 591182
9e édition - mai 2010

Photogravure : B. Porlier
Achevé d'imprimer sur les presses de l'imprimerie TWP (Malaisie).
Loi n° 49-956 du 16 juillet 1949 sur les publications destinées à la jeunesse.

Petit mode d'emploi...

Un **texte introductif** ouvre la double page sur le thème abordé.

Des **légendes** permettent de replacer les documents dans leur contexte.

Une **frise**, déroulée sur l'ensemble du livre, apporte des informations anecdotiques en rapport avec la double page.

Des **photos** et des **dessins** illustrent les différents aspects de la vie des cétacés.

Des **encadrés** proposent un éclairage particulier sur un thème précis.

Les photos portant le logo DVD sont extraites du DVD *Le Mystère de la baleine franche*.

L'astérisque (*) signale les mots expliqués dans le **lexique** à leur première apparition sur une double page.

Les **pictogrammes** de la frise aident à identifier la nature de l'information :

Observation

Anatomie

Histoire et paléontologie

Culture

Protection de la nature

Nature en danger

Chiffres et records

Sommaire

De lointaines origines

Au début de l'ère tertiaire, l'ancêtre des cétacés se déplaçait sur quatre pattes et ressemblait plus à un lièvre qu'aux baleines débonnaires et aux dauphins agiles d'aujourd'hui. Ces derniers sont le fruit de plus de 60 millions d'années d'adaptation à la vie marine.

*L'*Ambulocetus *ressemblait plus à une otarie actuelle qu'à un dauphin et passait la majeure partie de son temps sur les rivages de la mer de Téthys (taille : 2 à 3 m, queue comprise).*

Le grand ancêtre des cétacés

Il y a 65 millions d'années, la disparition des dinosaures crée un vide gigantesque. Survivants, les mammifères occupent l'espace laissé libre et se diversifient. Parmi eux, le *Diacodexis*, qui ressemble à un gros lièvre, dont il possède aussi l'agilité, vit sur les rivages, se nourrissant de poissons, d'amphibiens, de mollusques et de crustacés. Or, à cette époque, le niveau des eaux marines remonte peu à peu. La surface des terres émergées se réduit et la concurrence avec les prédateurs mieux armés devient rude. C'est tout naturellement vers le large que les descendants du *Diacodexis* vont se diriger: survivre, c'est d'abord s'adapter.

S'adapter : toute une histoire !

Les membres antérieurs se transforment progressivement en nageoires. Désormais inutiles, les membres postérieurs disparaissent; la queue s'aplatit et devient un organe de propulsion. Une épaisse couche de lard se développe sous la peau, dont les poils ont disparu. Petit à petit, les narines reculent jusqu'au sommet du crâne, permettant à l'animal de respirer sans avoir à relever le museau hors de l'eau.

Autour de la mer de Téthys, qui s'étend alors de l'Amérique à la Chine, apparaissent de nouvelles espèces de mammifères marins : le *Pakicetus*, pourvu d'une bulle tympanique *(voir p. 21)* qui lui permet de bien entendre sous l'eau, et l'*Ambulocetus natans*, long de 3 m.

Baleines et dauphins de la préhistoire

Il y a 45 millions d'années, le *Basilosaurus* (ou *Zeuglodon*) vit dans les mers du Sud de la planète. Il est probablement l'ancêtre des baleines d'aujourd'hui. Les continents se déplacent et des courants froids issus de l'océan Austral provoquent la disparition de cet ancêtre. Dix millions d'années plus tard, les agorophiidés ont une mâchoire pourvue de dents robustes et chassent grâce à l'écholocalisation *(voir p. 24-25)*, comme les dauphins. La différenciation entre les baleines (à fanons) et les dauphins (chasseurs armés de dents) est déjà une réalité.

Il y a plus de 60 millions d'années, un Diacodexis *scrute le rivage pour y déceler une proie facile, abandonnée par la marée. Des millions d'années plus tard, ses lointains descendants chassent en plein océan. Ils sont devenus baleines et dauphins.*

Curieusement, les mésonychidés, des quadrupèdes ancêtres des dauphins et des baleines actuels, ont donné naissance à une seconde branche à laquelle appartiennent les ongulés tels les chameaux, les cochons et les herbivores ruminants (vaches, cerfs, antilopes, etc).

Des vertèbres de Basilosaurus *ont été découvertes en 1832 en Louisiane. Son nom, en grec, signifie "roi des lézards" parce que l'on croyait alors qu'il s'agissait d'un reptile. Quelques années plus tard, des fragments de dents et de crâne ont révélé que le* Basilosaurus *était en réalité un mammifère marin.*

Les cétacés "modernes"

Il y a 25 millions d'années, apparaît le *Squalodon*, un dauphin à dents de requin dont l'évent a migré au sommet du crâne. C'est le véritable ancêtre des odontocètes (cétacés à dents) modernes, c'est-à-dire les dauphins, marsouins, orques, bélougas, narvals, etc. Parallèlement, les descendants des céthothères, ancêtres des mysticètes (cétacés à fanons tels que la baleine bleue, la baleine à bosse, etc.), se diversifient.

Aujourd'hui, on dénombre seulement 15 espèces de cétacés à fanons, contre 70 espèces de cétacés à dents.

Basilosaurus *mesurait entre 15 et 20 m pour un poids d'environ 60 tonnes.*

Voici 50 millions d'années, l'Australie, l'Amérique du Sud et l'Antarctique constituaient un super-continent, le Gondwana. Son morcèlement a engendré un nouvel écosystème planétaire et une nouvelle répartition des courants océaniques, qui ont provoqué une diversification des cétacés.

Les plus anciens fossiles de la famille des monodontidés (bélouga et narval) ont été découverts au Mexique et en Californie, actuellement régions tempérées du globe. Il est probable qu'un bouleversement important s'est produit pour repousser ces deux espèces dans les régions glacées de l'Arctique.

Baleines et dauphins sont-ils des poissons ?

Au fil du temps, les descendants du Diacodexis occupent les océans et les nombreuses mers qui bordent nos côtes. Pour exploiter les ressources et s'adapter aux contraintes de cet environnement, ils copient ce que les poissons ont de plus perfectionné, tout en restant d'authentiques mammifères.

Un poisson possède une nageoire caudale verticale et respire grâce à des branchies. Ici, elles sont visibles sous les ouïes entrouvertes du mérou, en arrière de la tête.

Comme des poissons dans l'eau ?

Pour certains, tout ce qui porte nageoires est assimilé aux poissons. Le langage populaire contribue à entretenir ce malentendu. Ne surnomme-t-on pas "poisson-dauphin" la daurade coryphène, un authentique poisson ? Ou encore, n'appelle-t-on pas requin-baleine le plus grand des requins, d'ailleurs totalement inoffensif ? Il est vrai que poissons et cétacés cohabitent dans tous les océans et même dans certains cours d'eau, mais s'ils ont bien quelques points en commun, ce sont des créatures radicalement différentes.

En général, les poissons possèdent une seule fente branchiale de chaque côté de la tête. Bien que poissons à part entière, les requins en ont entre 5 et 7.

Des animaux très différents

Les poissons, tel le mérou ci-dessus, sont recouverts d'écailles alors que baleines et dauphins ont une peau lisse sous laquelle une épaisse couche de graisse les isole du froid. Ces derniers sont, comme les hommes, des mammifères à sang chaud alors que la température corporelle des poissons dépend de celle de leur environnement.

La nageoire caudale du poisson – qui le propulse – est verticale, favorisant ses déplacements dans le plan horizontal. Cela lui convient bien puisqu'il n'a pas besoin de monter à la surface pour respirer : il respire en effet en extrayant l'oxygène de l'eau grâce à des branchies. Il peut ainsi rester indéfiniment au fond. La verticalité de sa nageoire caudale est donc une adaptation à son mode respiratoire.

Les poissons sont apparus dans les eaux il y a 500 millions d'années et ne les ont jamais quittées. Les ancêtres des cétacés ont commencé, quant à eux, leur retour à la mer il y a seulement 60 millions d'années... imitant leurs prédécesseurs à écailles sur bien des points.

Requins et dauphins chassent parfois ensemble. Aux Bahamas, le grand dauphin détecte les poissons rasoirs dans le sable grâce à son sonar, tandis que le requin-nourrice fait de même à l'aide de ses capteurs électromagnétiques.

En revanche, les cétacés qui, comme l'homme, respirent à l'aide de poumons, sont contraints de venir régulièrement chercher de l'air à la surface sous peine de mourir asphyxiés. Pour favoriser l'ascension et la descente, leur nageoire caudale possède une voilure horizontale dont le battement facilite les déplacements dans le plan vertical. Quant aux deux nageoires pectorales, les cétacés s'en servent pour se diriger en faisant varier leur inclinaison, ce qui leur permet de se mouvoir dans toutes les directions.

Le dauphin doit remonter régulièrement pour reprendre son souffle. Il respire grâce à son évent (narine) situé au sommet de la tête. Ici, il vient juste de souffler et l'évent va s'ouvrir totalement pour faciliter l'inspiration.

Pondre ou mettre bas

La plupart des poissons pondent en pleine eau des centaines, voire des milliers d'œufs qui sont fécondés* par la semence du mâle. Livrés à eux-mêmes, les œufs sont la proie de nombreux prédateurs, et parfois même de leurs propres parents. De fait, bien peu d'embryons parviennent à l'âge adulte.

Chez les baleines et les dauphins, il en va tout autrement. La progéniture de ces mammifères est beaucoup moins abondante, et donc d'autant plus précieuse. Les femelles des cétacés, en effet, portent un seul petit (très rarement deux) tous les deux ou trois ans. Celui-ci se développe bien à l'abri dans l'utérus pendant une période de gestation* qui, selon les espèces, dure de dix à seize mois. À sa naissance, le petit est entièrement formé et il doit immédiatement apprendre à respirer à la surface, à nager et à trouver le sein de sa mère. Souvent, il reste avec elle pour une période qui peut aller jusqu'à deux ans. Elle le protège, le nourrit et lui apprend la vie jusqu'à son entière autonomie.

La roussette, un petit requin, pond cet œuf protégé par une capsule cornée, accrochée dans les coraux. La plupart des autres poissons pondent des milliers d'œufs en pleine eau.

La mère dauphin met son petit au monde comme tous les mammifères et l'aide à rejoindre la surface afin qu'il prenne sa première inspiration.

Le plus grand poisson du monde est le requin-baleine qui peut atteindre 18 m. Chez les cétacés, le record est détenu par la baleine bleue qui peut mesurer 30 m et peser 130 t. Ces deux géants inoffensifs se nourrissent de plancton. Il est fréquent de les observer dans les mêmes eaux.*

Cétacés et requins ont une dentition très différente. Les baleines ont des fanons, les dauphins, des dents en ivoire, toutes de forme identique. Les requins, quant à eux, ont des dents différentes sur les mâchoires supérieure et inférieure. Elles tombent et se renouvellent automatiquement dès qu'elles sont usées.

Baleine ou dauphin ?

Il y a 40 millions d'années, une partie des terres groupées au sud de la planète se détachent. Confrontés à de nouveaux courants océaniques froids, les cétacés vont développer deux stratégies alimentaires différentes qui donnent naissance à deux grands groupes : celui des cétacés à dents et celui des cétacés à fanons.

Deux groupes pour une même origine

Avec 70 espèces, les cétacés à dents, ou odontocètes, regroupent des animaux aussi différents que le dauphin, l'orque, le globicéphale, le bélouga, le narval, le marsouin, le dauphin de rivière ou le cachalot. Les cétacés à fanons, ou mysticètes – autrement dit les baleines –, comprennent seulement 11 espèces : baleines franches, baleine grise, baleine à bosse, rorquals. On trouve notamment dans leurs rangs la baleine franche pygmée, si discrète qu'elle n'a pratiquement jamais été observée vivante, et la baleine bleue, le plus grand animal ayant jamais vécu sur Terre.

Bien qu'issus du même ancêtre et partageant le même habitat, les deux grands groupes de cétacés diffèrent à bien des égards.

Baleine franche et dauphin : le plus petit aime venir jouer avec sa cousine géante.

En mer, on peut confondre odontocètes et mysticètes. Mais observons la forme du souffle : s'il est unique et peu élevé, c'est un odontocète ; s'il est double et haut, il s'agit d'une baleine. Le grand cachalot, lui, a un souffle unique dirigé vers l'avant gauche.

Les baleines ont opté pour le gigantisme. Cela leur permet de réaliser une considérable économie d'énergie car, par rapport à son volume, une grosse baleine offre une surface externe en contact avec le froid dix fois moindre qu'un dauphin de même forme.

À l'opposé des énormes baleines, moissonneuses des océans, les dauphins sont de petite taille. Leur bec effilé et leur silhouette en font des chasseurs élégants et rapides.

Ichtyophages et teutophages

Les dauphins et leurs cousins odontocètes ont, pour la plupart, une taille inférieure à 10 m. Ils pratiquent l'écholocalisation pour détecter une proie généralement unique *(voir p. 24-25)*. La majorité d'entre eux ont des dents petites et nombreuses, faites pour la capture du poisson. On les dit ichtyophages. Leur nage rapide est adaptée à ce type de prédation.

Ceux qui se nourrissent de céphalopodes (poulpes, calmars, etc.) sont qualifiés de teutophages et sont beaucoup plus lents. Ce sont le cachalot, les globicéphales, le dauphin de Risso, le péponocéphale et les baleines à bec dont les mâchoires sont équipées de dents robustes mais moins nombreuses que celles des ichtyophages *(voir p. 28-29)*.

DIFFÉRENCES INTERNES

La différence essentielle entre le squelette d'un dauphin et celui d'une baleine se situe au niveau du crâne. Celui du dauphin réserve une place importante au cerveau et une place moindre à la fonction alimentaire, avec des mâchoires serrées l'une contre l'autre. Celui de la baleine, en revanche, laisse peu de place au cerveau, tandis qu'un espace énorme est occupé par la langue et les fanons, associés dans la capture d'énormes quantités de nourriture vivante.

Écrémeuses et engouffreuses

Les mysticètes pratiquent une tout autre stratégie alimentaire. Les baleines engloutissent des volumes colossaux de nourriture de petite taille en filtrant l'eau au travers des fanons *(voir p. 30-31)*. On les considère comme des "écrémeuses" lorsqu'elles parcourent lentement de longues distances en surface, gueule ouverte. Ce sont les baleines franches *(voir DVD, chap. 01)*. Les "engouffreuses", parmi lesquelles la baleine bleue ou la baleine à bosse, traversent plus rapidement les bancs de nourriture. Parfois, cette dernière se précipite du fond vers la surface pour avaler des tonnes de poissons regroupés en banc serré. Cette technique particulière est observée notamment sur les côtes de l'Alaska, dans l'océan Pacifique.

Se nourrir et se reproduire

Les dauphins se déplacent parfois pour suivre leurs proies préférées mais on peut difficilement parler de véritable migration. En revanche, les baleines sont de grandes migratrices. Leur cycle annuel est rythmé par deux fonctions vitales majeures : la recherche de la nourriture et la reproduction. Or, c'est dans les eaux froides des régions polaires que se trouve la plus forte concentration de poissons et de plancton*, mais c'est dans les eaux tropicales qu'il fait bon se reproduire et mettre ses petits au monde. Dès lors, le calendrier est écrit : l'été, les baleines se concentrent dans les régions arctiques ou antarctiques, rendues accessibles par la fonte des glaces ; elles vont passer l'hiver sous les tropiques, dans des eaux limpides et chaudes, afin d'assurer la pérennité de l'espèce.

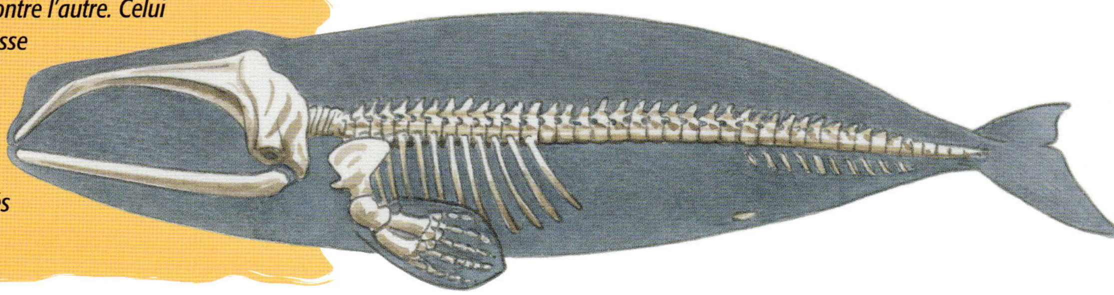

Les Anglo-Saxons entretiennent une grande confusion dans la dénomination des dauphins et des baleines... L'orque : killer whale *(baleine tueuse) ; le globicéphale :* pilot whale *(baleine pilote) ; l'hyperoodon :* bottlenose whale *(baleine à nez en goulot), sont pourtant tous des cétacés à dents.*

Du fait de sa masse musculaire, une grosse baleine est capable de parcourir des milliers de kilomètres à petite vitesse. La plupart des dauphins, eux, peuvent atteindre des vitesses élevées mais sur de courtes distances.

Cétacés : tous cousins !

Malgré des origines communes, les cétacés d'aujourd'hui ont des formes et des tailles très différentes. Les conditions géographiques les ont également conduits à adopter des comportements d'une extrême diversité.

Le cachalot
Un mâle atteint 18 m et peut peser 50 t. Chassé pour son huile, il a bien failli disparaître. Il est protégé depuis 1986, mais la Commission baleinière a récemment autorisé certains pays à en reprendre la chasse.

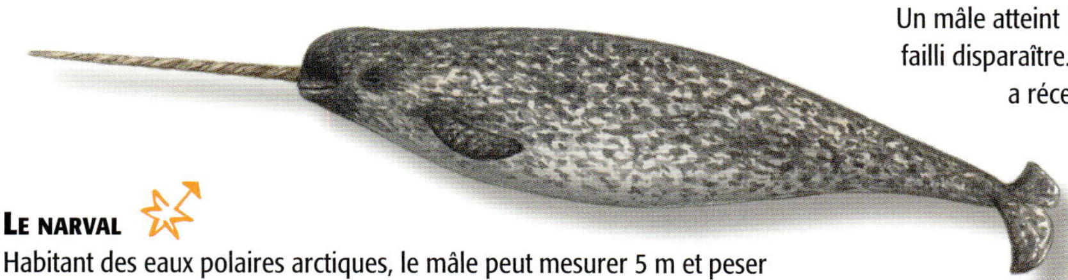

Le narval
Habitant des eaux polaires arctiques, le mâle peut mesurer 5 m et peser 1 500 kg. Il porte une défense qui a sans doute inspiré la légende de la licorne. En fait, il s'agit tout simplement d'un développement extrême de la dent supérieure gauche, spiralée de la racine vers l'extrémité.

Le dauphin de Risso
Avec son air de clown enfariné, il peut mesurer 4 m et peser 500 kg. Noir à la naissance, il devient blanc en quelques mois… pour se couvrir peu à peu de balafres avec l'âge, morsures de rivaux ou cicatrices infligées par les calmars dont il est friand.

Le marsouin de Californie
Surnommé "vaquita", c'est le plus petit des cétacés (1,35 m). C'est aussi l'un des plus menacés de disparition (il n'en subsiste que quelques centaines d'individus). Son aire de répartition se limite à l'extrême nord du golfe de Californie, au Mexique.

La baleine franche
Cette baleine à fanons aux formes rebondies peut atteindre 17 m et peser 80 t. Chassée pendant des siècles, elle se porte bien dans l'hémisphère Sud mais elle est en voie de disparition dans l'hémisphère Nord *(voir DVD, chap. 02 et 03)*.

Joueurs et souvent provocateurs, les petits dauphins de quelques dizaines de kilos adorent venir s'amuser autour de leurs cousines les baleines... de quelques dizaines de tonnes. Ces dernières réagissent parfois par des sauts spectaculaires au-dessus de la surface de l'eau.

Chez les cétacés, les bébés marsouins occupent une place à part. Alors qu'à la naissance, les petits dauphins mesurent le tiers de la taille de leur mère, les petits marsouins en font la moitié. On a du mal à imaginer une femme mettant au monde un bébé de 80 cm !

La baleine grise

Cette curieuse baleine à fanons peut atteindre 15 m et peser 40 t. Elle parcourt environ 9 000 km pour aller de son terrain de chasse, en Alaska, jusqu'à son lieu de reproduction, au Mexique. Presque anéantie au XXe siècle, puis protégée, elle n'est plus considérée aujourd'hui comme une espèce en danger.

La baleine à bosse

La plus populaire des baleines à fanons peut mesurer 14 à 17 m et peser 40 à 50 t. Dans les eaux tropicales où cette baleine se reproduit, le mâle fait connaître ses intentions en chantant une mélodie que les femelles entendent à des kilomètres de distance. L'espèce est aujourd'hui totalement protégée.

La baleine bleue

La dame de tous les records (30 m de longueur pour près de 130 t) est présente dans toutes les mers. Gueule ouverte et gorge distendue, elle engloutit du krill à raison de 4 t par jour. Un solide appétit !

Le grand dauphin (tursiops)

Il peut atteindre 4 m et peser 600 kg. Présent dans tous les océans, il est parfois capturé à des fins militaires. Relâché, il recherche souvent le contact avec l'homme.

L'orque

C'est le plus grand des dauphins. Le mâle atteint 9 m et pèse 9 t. Sa nageoire dorsale mesure près de 2 m de haut. Prédateur intelligent, capable de stratégies de groupe pour s'attaquer à des baleines géantes, il n'a jamais agressé l'homme sans raison.

Ce ne sont pas les baleines à fanons, pourtant protégées par leur graisse sous-cutanée, qui s'aventurent le plus au Nord, mais un odontocète de taille beaucoup plus modeste, le narval. Il est capable d'une très grande autonomie respiratoire pour nager sous les glaces.

Dans le livre des records des cétacés, le dauphin à long bec, qu'on appelle aussi "dauphin sauteur", détient celui du plus grand nombre de tours (7) effectués en vrille à l'horizontale. Remercions les baleines bleues de plus de 100 t de ne pas relever le défi !

De fabuleux nageurs

La silhouette des baleines et des dauphins est très marquée par leur environnement. Leur corps hydrodynamique*, débarrassé de toute protubérance, et leurs nageoires au rôle bien défini ont de quoi rendre jaloux les autres animaux marins...

De tous les cétacés, c'est l'orque mâle qui possède la plus haute nageoire dorsale : elle atteint en moyenne 1,80 m, et exceptionnellement 2 m. Chez les animaux âgés ou captifs, elle peut s'affaisser au point de toucher le dos de l'animal.

Les pattes avant des ancêtres terrestres des cétacés se sont transformées en nageoires pectorales. Devenues inutiles, les pattes arrière, quant à elles, ont disparu. On en observe toutefois les vestiges sur le squelette des cétacés actuels.

Le rôle des nageoires

Parmi les trois sortes de nageoires, la caudale joue le rôle principal dans la propulsion. Comme il le ferait d'une grande rame horizontale, le cétacé l'agite alternativement du bas vers le haut. Curieusement, c'est en la tirant vers le haut que l'animal avance. Les muscles attachés à la colonne vertébrale ne la ramènent vers le bas que pour lui permettre de fournir un nouvel effort. La nageoire dorsale (ou aileron) sert de stabilisateur. Les deux nageoires pectorales orientent la nage dans toutes les directions.

Un nageur malin

En plaçant un petit moteur sur une maquette de dauphin, des chercheurs ont constaté qu'elle n'avançait qu'à 20 km/h alors que leurs modèles vivants atteignent des vitesses bien supérieures. Or, on sait qu'un objet qui se déplace dans l'air ou dans l'eau provoque des petits tourbillons invisibles qui le ralentissent : ce sont les turbulences. On a découvert que le dauphin plisse sa peau de fines ondulations là où se forment les turbulences afin de les absorber. Moins freiné, il peut ainsi nager plus vite.

En outre, pour améliorer leur "glisse", les dauphins et les baleines ont une peau qui sécrète, au travers de trous minuscules, une matière huileuse, le mucus. Sans être aussi abondant que celui qui recouvre les écailles des poissons, ce mucus contribue également à protéger l'épiderme des produits chimiques et polluants contenus dans l'eau.

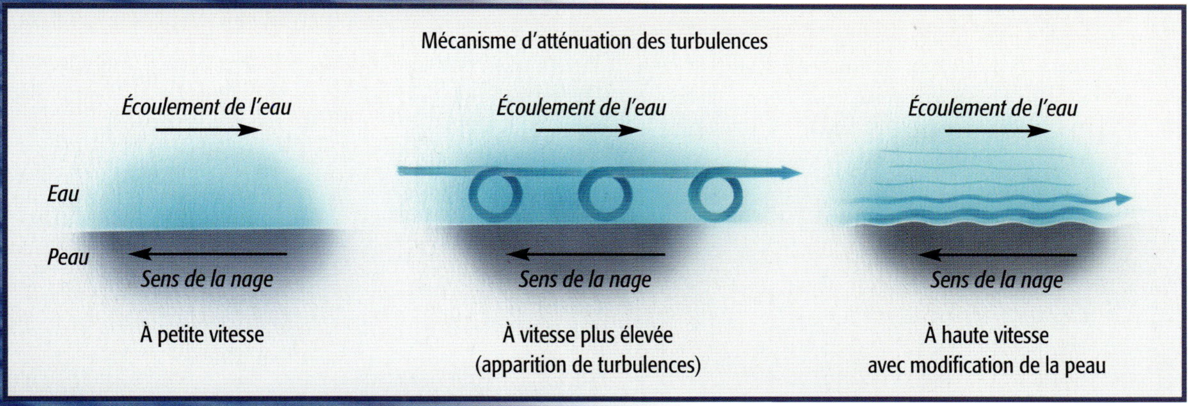

Un dauphin accroît sa vitesse en bondissant au-dessus de la surface avant de replonger. L'air, 800 fois moins dense que l'eau, oppose en effet une moindre résistance au mouvement de l'animal qui peut ainsi atteindre des pointes de l'ordre de 70 km/h ; un exploit hors de portée des grandes baleines.

Si tous les cétacés ont une nageoire caudale, tous ne possèdent pas d'aileron dorsal stabilisateur. La baleine franche, la baleine du Groenland, le narval, le bélouga, le lissodelphis et le marsouin aptère en sont dépourvus. Nul n'en connaît la raison.

Respirer et plonger : un défi

Respirer en mer, quelle drôle d'idée ! Pourtant, les cétacés ont su développer les qualités physiques nécessaires pour y parvenir et faire de l'océan leur maison. Même les grandes profondeurs n'arrêtent pas ces surdoués de l'adaptation, capables de performances à couper le souffle…

Contrairement aux otaries ci-dessus, qui vident leurs poumons avant de plonger, les cétacés plongent poumons pleins.

Des narines adaptées

Pour les mammifères semi-aquatiques dont les narines sont placées au bout du museau, il est difficile de respirer en nageant. À chaque inspiration, une otarie doit relever la tête et, pendant un court instant, elle ne voit plus ce qui se passe sous l'eau, ce qui peut être dangereux.

Pour cette raison, au fur et à mesure de leur évolution, les narines des cétacés (ou évent) ont reculé pour se stabiliser au sommet de leur crâne. Il aura fallu quelques millions d'années pour en arriver là !

Une respiration volontaire

Chez l'être humain, la respiration est instinctive. Un plongeur en apnée, par exemple, doit lutter contre l'envie de respirer. Elle est volontaire chez les cétacés, de telle sorte qu'il leur est impossible de se noyer. Un animal pris dans un filet et incapable de remonter à la surface ne respirera pas ; il ne mourra pas de noyade mais d'asphyxie.

Un souffle spectaculaire

Au moment de l'expiration, l'évent s'ouvre en partie seulement, pour accroître la vitesse d'expulsion de l'air et favoriser l'évacuation de l'eau restant au-dessus de l'orifice.

Le souffle est matérialisé par la condensation* de la vapeur d'eau, provoquée par le contact entre l'air chaud qui sort des poumons et l'air ambiant, plus froid. De minuscules gouttelettes huileuses se mêlent à la vapeur, ce qui donne à l'ensemble une forte odeur de poisson avarié.

Les records de durée en apnée sont détenus par le cachalot avec 90 min (seuls les grands mâles sont capables de telles performances) et surtout par l'hyperoodon arctique. Cette baleine à bec de taille plus modeste (10 m) est capable de rester immergée près de 2 heures.

« Elle souffle ! » Cette exclamation prévenait l'équipage des baleiniers qu'une baleine était en vue. Lorsque le poumon de l'animal était perforé, le sang se mêlait au souffle, ce qui annonçait la mort de la baleine. On disait alors qu'elle "fleurissait".

Après avoir soufflé l'air vicié par son double évent à moitié ouvert, cette baleine franche l'ouvre en grand pour aspirer l'air frais.

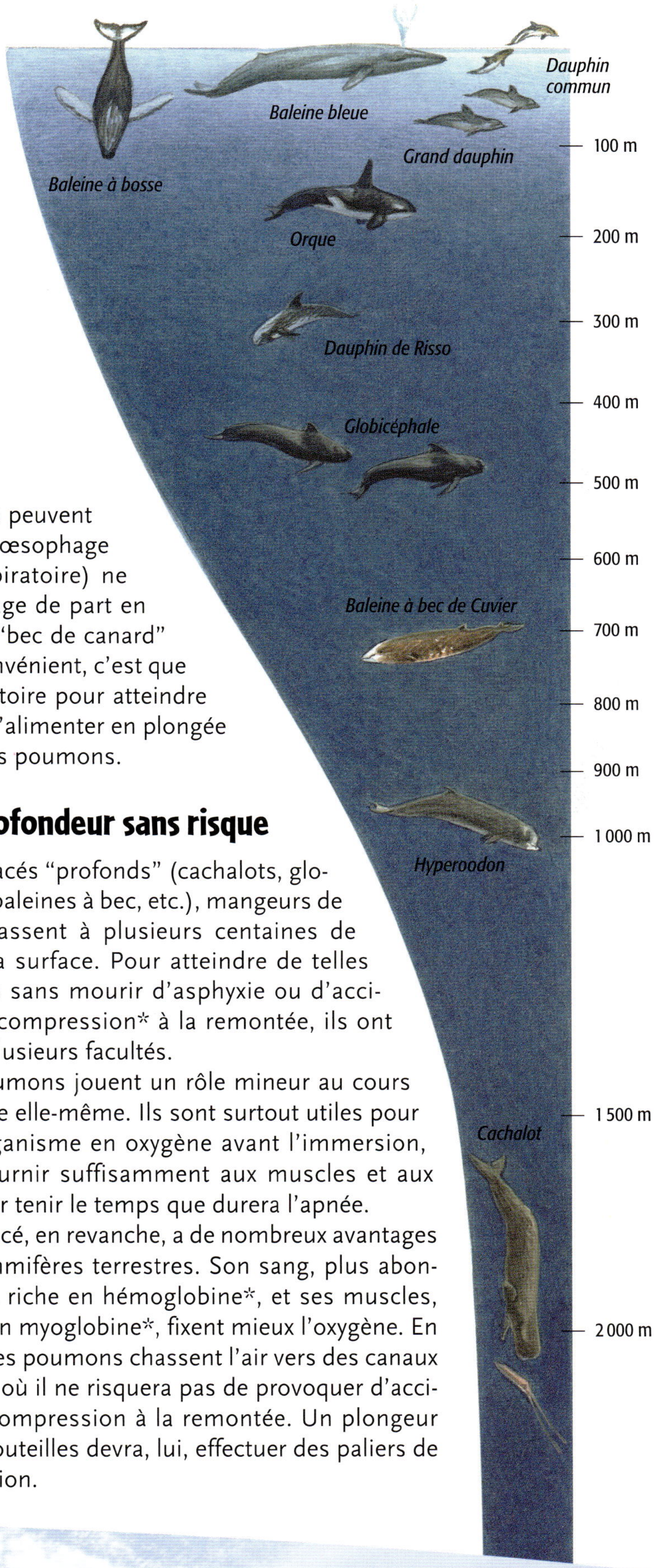

Pour ne pas avaler de travers

Contrairement à l'être humain, les cétacés ne peuvent pas "avaler de travers" pour la simple raison que l'œsophage (conduit d'alimentation) et la trachée (voie respiratoire) ne communiquent pas. La trachée traverse l'œsophage de part en part et se termine dans le canal de l'évent par un "bec de canard" qui en garantit l'étanchéité *(voir dessin p. 24)*. L'inconvénient, c'est que les aliments doivent contourner le conduit respiratoire pour atteindre l'estomac. Le gros avantage est que l'animal peut s'alimenter en plongée sans qu'une seule goutte d'eau ne pénètre dans ses poumons.

Ces globicéphales plongent pour chasser les calmars à plusieurs centaines de mètres de profondeur.

En profondeur sans risque

Les cétacés "profonds" (cachalots, globicéphales, baleines à bec, etc.), mangeurs de calmars, chassent à plusieurs centaines de mètres de la surface. Pour atteindre de telles profondeurs sans mourir d'asphyxie ou d'accidents de décompression* à la remontée, ils ont développé plusieurs facultés.

Les poumons jouent un rôle mineur au cours de la plongée elle-même. Ils sont surtout utiles pour saturer l'organisme en oxygène avant l'immersion, afin d'en fournir suffisamment aux muscles et aux organes pour tenir le temps que durera l'apnée.

Un cétacé, en revanche, a de nombreux avantages sur les mammifères terrestres. Son sang, plus abondant et plus riche en hémoglobine*, et ses muscles, plus riches en myoglobine*, fixent mieux l'oxygène. En s'écrasant, les poumons chassent l'air vers des canaux secondaires où il ne risquera pas de provoquer d'accident de décompression à la remontée. Un plongeur équipé de bouteilles devra, lui, effectuer des paliers de décompression.

Cétacé à dents, le grand cachalot possède un double évent comme les baleines à fanons. Pourtant, il n'utilise que l'orifice gauche et son souffle est bizarrement incliné à 45° vers l'avant. Cette particularité confère au cachalot une place à part entre odontocètes et mysticètes.

La baleine bleue, le plus grand des cétacés, détient aussi le record de hauteur de souffle avec 9 m. Cette hauteur n'est atteinte que par le premier souffle, issu d'une longue immersion, qui est également le plus malodorant. Les suivants sont sensiblement plus courts.

Des animaux peu frileux

En mer, la chaleur de la tanière n'existe pas. Mammifères à sang chaud, les cétacés sont contraints de vivre jour et nuit dans un environnement froid et humide contre lequel ils ont su se protéger.

Économies d'énergie

Les cétacés préfèrent nager en profondeur. En évitant le frottement des vagues sur leur peau, ils économisent 30 % d'énergie. Ceci explique qu'ils ne viennent en surface que pour respirer, d'autant que l'immersion leur procure sécurité et nourriture.

Leur taux de métabolisme (transformations énergétiques nécessaires à l'organisme) est parmi les plus bas de tous les animaux à sang chaud, et cela d'autant plus que l'animal est gros. Bien que les baleines consomment de grandes quantités de nourriture, le rapport "poids de nourriture ingérée/poids du corps" reste très inférieur à celui d'un mammifère de petite taille, au métabolisme plus élevé.

Enfin, leur système circulatoire *(voir p. 17)* permet aux cétacés de stocker l'oxygène et donc de limiter le nombre de respirations. Ils perdent ainsi moins de chaleur. À chaque inspiration, l'air est renouvelé à 80 %, contre 10 à 15 % chez l'être humain.

Protégé par une importante couche graisseuse, le bélouga vit dans les eaux froides de l'Arctique.

À l'approche de l'hiver, les bélougas se regroupent avant de se diriger vers les côtes du Groenland, afin d'éviter d'être pris par les glaces.

LES BALEINES "À VOILE"

On s'est longtemps demandé pourquoi certains mysticètes, comme la baleine à bosse et la baleine franche, dressaient leur nageoire caudale au-dessus de la surface de l'eau et la maintenaient immobile durant plusieurs minutes (voir DVD, chap. 03). *La réponse est simple : pour évacuer leur trop-plein de chaleur. En exposant au vent froid l'immense voilure de sa caudale, sans protection graisseuse, la baleine permet au sang d'irriguer ses extrémités, puis de repartir rafraîchi vers le cœur.*

Le lard est un isolant si performant que la température interne d'une baleine morte se maintient à plus de 30 °C, plusieurs jours après l'échouage. Ceci explique la vitesse à laquelle le corps se décompose, nécessitant l'intervention rapide des services sanitaires.

La baleine "franche" doit son surnom aux anciens baleiniers basques qui la chassaient dans le golfe de Gascogne. Une fois harponnée, elle ne coulait pas, maintenue à flot par son épaisse couche de lard, ce qui laissait tout le temps à l'équipage de s'occuper d'elle.

Un corps idéal

Baleines et dauphins ont un corps fuselé. Outre le fait qu'il soit hydrodynamique*, il offre une moindre surface en contact avec l'eau, limitant les pertes de chaleur. Compte tenu de son volume, un petit dauphin est dix fois plus vulnérable au froid qu'une baleine de plusieurs dizaines de tonnes, mais il le serait beaucoup plus encore s'il possédait la morphologie d'un mammifère terrestre.

Massive, la baleine franche possède la morphologie idéale pour lutter contre le froid.

Chaud et froid

Les cétacés doivent maintenir à 36 °C environ leur température corporelle. Dépourvus de poils, ils régulent cette dernière en fonction de la température extérieure, l'eau étant 27 fois plus conductrice du froid ou de la chaleur que l'air.

Une épaisse couche de lard isole du froid les organes et les muscles. Chez les grandes baleines, cette couche est si efficace qu'à peine 10 % des échanges thermiques s'effectuent à travers elle. L'excès de chaleur est naturellement éliminé par l'eau qui baigne l'animal.

Les cétacés ont également développé un système ingénieux : les artères, qui conduisent le sang riche en oxygène vers les extrémités dépourvues de graisse (nageoire caudale et ailerons), sont entourées d'un ensemble de veines grâce auxquelles s'effectue le retour du sang. Il s'ensuit un échange de chaleur entre le sang artériel et le sang veineux. Tout ceci est régulé par le système nerveux de l'animal en fonction de ses besoins, selon qu'il nage ou se repose, qu'il dort ou chasse en profondeur.

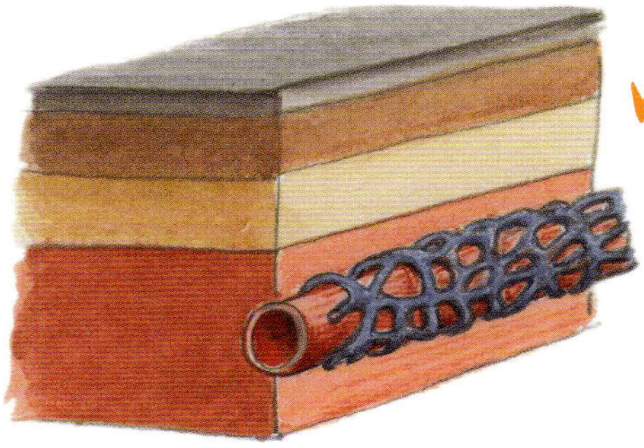

L'artère où circule le sang chaud est entourée d'un réseau de veines où circule un sang plus froid. Ce contact rétablit un équilibre thermique qui limite la dépense énergétique de l'animal.

L'orque est capable de chasser dans des conditions extrêmes, des eaux tropicales jusqu'à la limite des glaces.

On a constaté que la température des nageoires des dauphins était sensiblement plus élevée que celle du reste du corps. Ces membres ont en effet pour fonction d'évacuer vers l'extérieur l'excédent de chaleur produit par l'effort.

Le cétacé le mieux isolé du froid est la baleine du Groenland. Dans certaines parties du corps, la couche protectrice dépasse 50 cm d'épaisseur. On peut l'expliquer par le mode de vie de cette baleine, qui ne quitte jamais les glaces de l'Arctique, même pour se reproduire.

Entendre sous l'eau

Le « monde du silence » rendu célèbre par le commandant Cousteau est tout sauf... silencieux. Le bruit de fond des océans est alimenté par les vagues et les milliards de créatures en mouvement, sans oublier les bateaux à moteur.

Des oreilles discrètes

Pour améliorer leur "glisse", les cétacés se sont progressivement débarrassés de tout le superflu : les poils, les organes sexuels apparents, les membres postérieurs ainsi que... les oreilles, ou du moins leur pavillon externe. Situé en arrière de l'œil, le conduit auditif existe toujours, mais il est presque invisible. Des spécialistes pensent que l'oreille interne serait superflue chez certaines espèces de cétacés.

La vitesse du son dans l'air

Pour comprendre comment un cétacé "entend" en immersion, fais une petite analyse. À l'air libre, un son voyage à la vitesse de 330 m/s environ. Lorsqu'il t'atteint, il est réfléchi par ton corps dont la densité* est beaucoup plus élevée que celle de l'air. Pourtant, tes tympans, de fines membranes sensibles aux vibrations, vont le capter et le transmettre à ton cerveau. Comme tes oreilles sont écartées d'une vingtaine de centimètres, le son va être perçu avec un très léger décalage entre l'oreille gauche et celle de droite, de l'ordre de 1/2 000e de seconde. Ce décalage suffit pour que le son parvienne à ton cerveau avec le "relief" nécessaire (stéréophonie), te permettant de déterminer sa provenance.

Ce grand dauphin semble apprécier le cliquetis produit par la chaîne agitée par le plongeur sous-marin.

Le conduit auditif des baleines est complètement obstrué par de la cire cornée. Ce mélange, d'une densité proche de celle de l'eau, favoriserait la transmission des sons en immersion. Mais cela signifie peut-être que, hors de l'eau, les baleines sont sourdes.

Le krill – ces milliards de crevettes et crustacés regroupés en bancs qui peuvent mesurer des centaines de mètres de longueur – fait plus de bruit qu'un navire. La cacophonie est telle qu'elle se propage sur de très grandes distances. Elle est alors facilement détectée par les baleines qui se pressent au festin.

Les orques communiquent intensément entre elles, en particulier lorsqu'elles traquent les saumons.

La vitesse du son dans l'eau

Immerge-toi maintenant dans une piscine. L'eau remplit tes oreilles jusqu'aux tympans. Quelqu'un que tu ne vois pas produit un son bref. L'onde sonore* qui te parvient voyage cinq fois plus vite que dans l'air. Que se passe-t-il lorsqu'elle t'atteint ? Ton corps, en grande partie composé d'eau, ne va pas la réfléchir, mais il va au contraire l'absorber et la transmettre directement à ton cerveau. Comme tes oreilles internes ne sont pas isolées des os du crâne, le décalage de réception n'est plus de 1/2 000e de seconde mais de 1/10 000e de seconde, une vitesse trop élevée pour ton cerveau qui n'a pas été conçu pour cela. Sans aucun relief sonore, tu es incapable de deviner la provenance du son.

À PROPOS DU SON

Un son est une vibration. Sa fréquence se mesure et s'exprime en hertz (Hz). C'est le nombre de vibrations par seconde. L'oreille humaine perçoit les sons compris entre 20 Hz et 20 000 Hz. Certains dauphins de rivière ainsi que le bélouga émettent des clics jusqu'à 300 000 Hz. L'intensité du son s'exprime quant à elle en décibels.

La solution

Pour pallier ce handicap en plongée, les cétacés ont développé un dispositif astucieux. Comme nous, ils captent les vibrations sonores avec l'intégralité de la tête, mais leurs oreilles internes sont logées chacune dans une "bulle tympanique" osseuse, elle-même isolée des os du crâne par un coussin de mousse graisseuse.

Ce coussin très léger fait obstacle aux sons transmis par les os crâniens et les réfléchit. Ainsi isolées l'une de l'autre, les oreilles perçoivent le son avec le décalage auquel le cerveau est habitué, soit 1/2 000e de seconde. Le cétacé peut donc déterminer la provenance du son, comme nous le faisons dans notre vie quotidienne.

Les conduits auditifs de cette baleine à bosse sont bouchés par de la cire. Elle perçoit pourtant les sons avec précision.

Mesuré à 188 décibels, et donc supérieur aux 150 décibels émis par un avion à réaction, le son le plus intense jamais émis par un être vivant est celui d'une baleine bleue. Le petit rorqual n'en est pas loin, avec 152 décibels. Un exploit quand on sait qu'il ne mesure que le tiers de la taille d'une baleine bleue.

Dans certaines zones, la circulation croissante des navires crée une pollution sonore importante. Celle-ci est extrêmement gênante pour les cétacés. Dangereuse, elle peut entraîner des désordres du comportement.

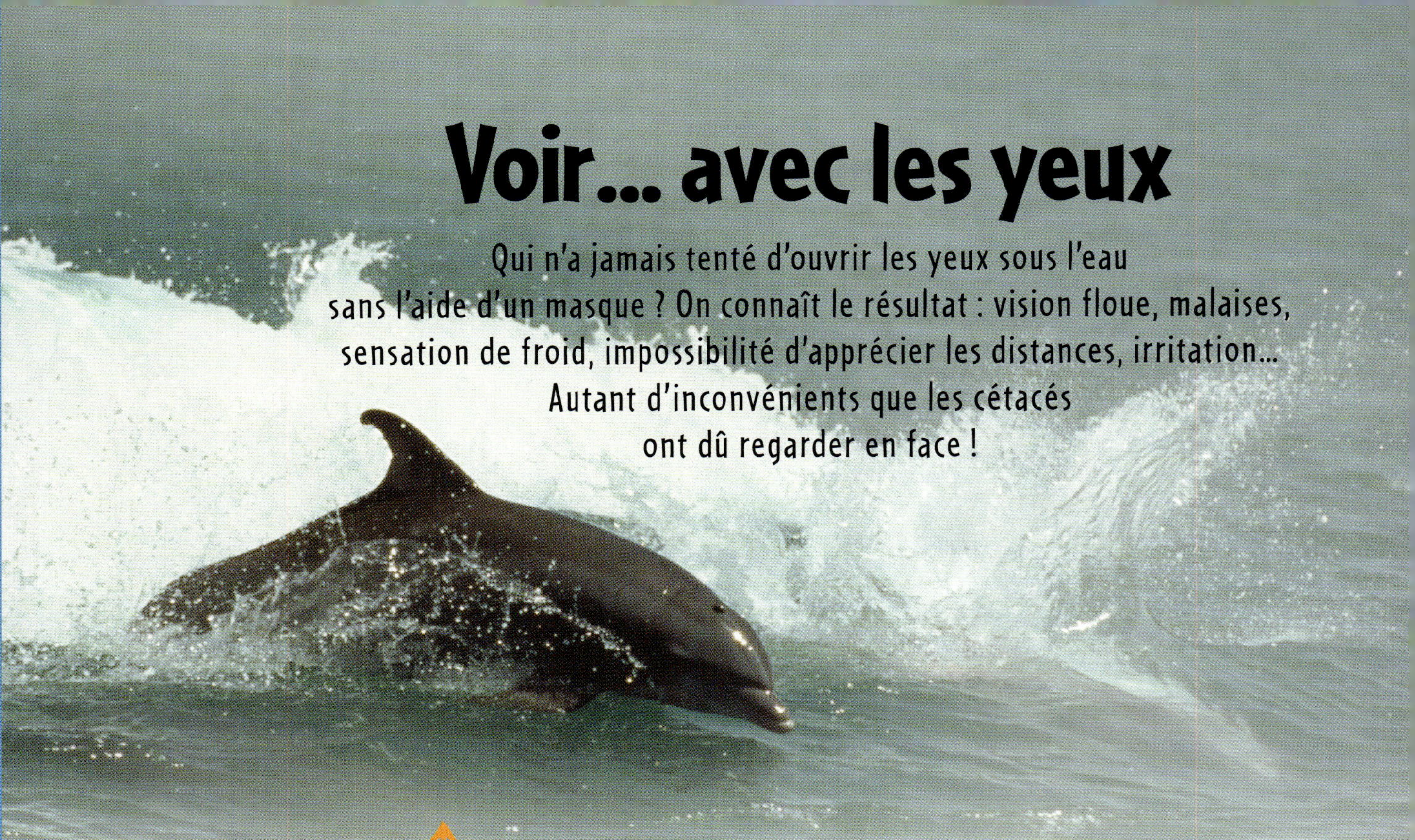

Voir... avec les yeux

Qui n'a jamais tenté d'ouvrir les yeux sous l'eau sans l'aide d'un masque ? On connaît le résultat : vision floue, malaises, sensation de froid, impossibilité d'apprécier les distances, irritation... Autant d'inconvénients que les cétacés ont dû regarder en face !

À chaque bond hors de l'eau, les dauphins peuvent surveiller la partie aérienne de leur environnement.

Afin de s'assurer qu'aucun danger ne menace sa progéniture, une mère baleine grise dresse la tête hors de l'eau avec l'aide de sa nageoire caudale, posée sur le sable du lagon peu profond.

Un coup d'œil à l'extérieur

Les spécialistes ignorent si les dauphins ont une très bonne vision dans l'air. Toutefois, on sait que les yeux des cétacés sont pourvus de muscles puissants, capables de modifier, le temps d'une irruption à la surface, la forme du cristallin*, plus souple que celui des mammifères terrestres. Plusieurs espèces comme le grand dauphin, le cachalot, le globicéphale, la baleine grise ou le petit rorqual pratiquent d'ailleurs couramment la position dite "d'espionnage" (*spy hopping*) en sortant la tête de l'eau.

Pourquoi tant de larmes ?

Bien que dépourvus de glandes lacrymales*, les cétacés pleurent lorsqu'ils sont transportés ou échoués. Il s'agit en fait d'un épais mucus transparent, sécrété en permanence par des glandes et destiné à protéger leurs globes oculaires des agressions. Les paupières, quant à elles, jouent le rôle de diaphragmes : totalement relevées en milieu sombre, pour laisser passer la lumière, elles s'abaissent lorsque cette dernière est plus forte.

L'œil des grands cétacés est petit par rapport au nôtre. Celui d'un cachalot ne dépasse pas la taille d'un pamplemousse. À l'échelle humaine, il devrait atteindre celle d'un ballon de basket. L'œil des dauphins est plus gros, proportionnellement à leur taille.

Comme les chats, les cétacés possèdent un organe particulier, le tapetum lucidum, une sorte de miroir fluorescent composé de cristaux réfléchissants. Placé derrière la rétine, il renvoie vers cette dernière l'image formée une première fois, en accentuant sa luminosité.

En gris ou en couleurs ?

Les plongeurs sous-marins le savent : l'eau, qui agit comme un filtre, absorbe les couleurs. Le rouge disparaît à 10 m de profondeur, le jaune à 30 m. Dès que l'on atteint 50 m, tout est uniformément gris-bleu. L'intensité lumineuse décroît également : par 400 m de fond, c'est l'obscurité totale. De ce fait, la rétine des cétacés est tapissée d'une faible quantité de cônes, les cellules adaptées à la vision des couleurs. Ces animaux ont donc une perception des teintes assez médiocre.

DAUPHINS EN NOIR ET BLANC

L'œil des cétacés a du mal à séparer les couleurs. Ceci pourrait expliquer la pauvreté des teintes de leur robe, souvent limitée aux nuances de gris. Toutefois, chez les dauphins aux déplacements rapides, susceptibles de croiser subitement la route d'individus d'espèces différentes, les contrastes entre noir et blanc sont plus accentués que chez les baleines, plus lentes. Ceci leur permettrait de faire instantanément la différence entre un "étranger" et un membre de leur espèce. Sécurité oblige…

Un monde en deux ou trois dimensions

De même qu'il faut deux oreilles pour obtenir un son en stéréo, seule une vision binoculaire* permet de voir le monde en 3 D. Avec leurs yeux placés de chaque côté de la tête, la plupart des cétacés ont une vision monoculaire, donc plate. Le front en forme de melon plus ou moins important fait obstacle, empêchant le champ de vision de l'œil droit de chevaucher celui de l'œil gauche. La vision de face est donc la moins confortable pour un cétacé, car l'angle mort central fait qu'il ne voit pas ce qui se passe juste devant lui. C'est pour cette raison que, la majeure partie du temps, l'animal se place de profil pour observer. La vision d'un cétacé se résumerait donc à un long défilé en noir et blanc s'il n'avait développé un autre sens : l'écholocalisation *(voir p. 24-25)*.

L'œil grand ouvert, cette jeune baleine franche surveille attentivement l'approche du photographe sous-marin.

L'une des raisons qui font penser que les cétacés voient suffisamment bien en dehors de l'eau est la précision avec laquelle les dauphins captifs exécutent leurs acrobaties, sur commande de leurs dresseurs.

Des spécialistes ont constaté que les grands dauphins en captivité sont attirés par les objets rouges ou jaunes. Ceci tendrait à prouver que certaines espèces sont capables de distinguer les couleurs.

Voir... sans les yeux : le sonar

Incapables de bien voir dans l'obscurité ou en eau trouble, les cétacés, et en particulier les odontocètes, ont développé un sens extraordinaire : l'écholocalisation, ou sonar. Ce système leur permet, à partir d'ondes sonores*, de reconstituer dans leur cerveau des images en trois dimensions.

Son énorme front (melon) saturé de graisse permet à ce globicéphale d'amplifier les clics d'ultrasons et de les diriger vers sa cible.

Le principe

Utilisé par les militaires pour détecter les sous-marins, le sonar (*SOund NAvigation and Ranging*, ce qui signifie "navigation et évaluation de la distance par le son") consiste à émettre dans l'eau, dans une direction donnée, un signal qui rebondit sur un objet et qui revient ensuite à son émetteur. Le signal en retour est capté, analysé et interprété. Mais de quels moyens les dauphins disposent-ils pour maîtriser cette technique ?

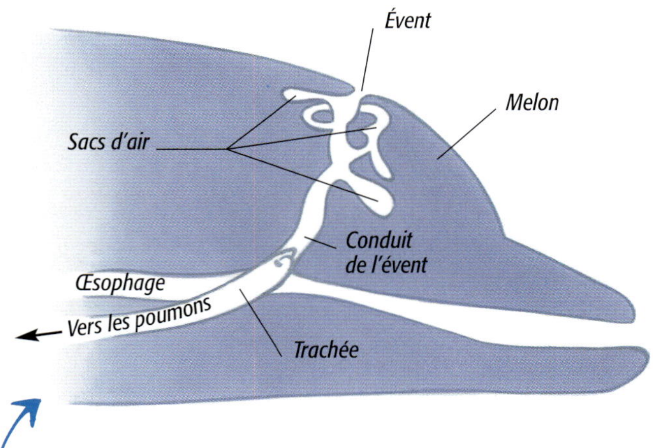

Organes producteurs de sons.

Un cri "muet"

Dépourvu de cordes vocales, inutiles en milieu aquatique, le dauphin produit des sons en circuit fermé. Autour du conduit nasal terminé par l'évent (fermé sur l'extérieur), se trouvent trois paires de sacs d'air, de tailles et de formes différentes. L'animal contrôle musculairement le débit de l'air dans ces poches, comme on le fait en relâchant la pression des doigts sur un ballon de baudruche. C'est le passage de l'air d'un sac à l'autre qui crée les sons (voir schéma).

Les "clics" d'ultrasons* sont ensuite réfléchis par la parabole crânienne placée en arrière, puis concentrés en faisceau dans le melon, avant de se propager dans l'eau en direction de la "cible" à reconnaître.

Le bélouga possède l'un des "bio-sonars" les plus performants. Il émet des clics sur 300 000 Hz, autant pour se diriger dans les estuaires peu profonds que pour naviguer sous la banquise, source de multiples dangers.

En émettant des clics de très haute fréquence, un dauphin est capable d'évaluer les pulsations cardiaques et le débit sanguin d'un être vivant ; une manière comme une autre de deviner son degré d'émotion, et peut-être ses intentions.

LE CLIC QUI TUE

Le cachalot, qui chasse les calmars géants à grande profondeur, dans une obscurité totale, utilise des "trains" de clics pour localiser ses proies. Au fur et à mesure de la descente, les clics se rapprochent, preuve que la détection s'affine sur une cible de plus en plus proche. À l'aide d'hydrophones (voir p. 75), *on a même enregistré un "super clic" final, que le cachalot émet probablement pour étourdir, sinon pour tuer le calmar.*

Aux Bahamas, un groupe de dauphins tachetés vient de localiser un poisson enfoui dans le sable.

"Visionner" la cible

Lorsque le faisceau de clics atteint son but (par exemple, un requin), il rebondit sur celui-ci et revient en écho vers la source d'émission, c'est-à-dire le dauphin. Ce dernier capte alors l'écho par sa mâchoire inférieure, qui fait office d'antenne de réception. L'écho est ensuite dirigé vers le cerveau, qui reconstitue l'image du requin en trois dimensions. Le dauphin peut dès lors adopter la conduite qui lui semble la plus appropriée : fuir ou foncer droit sur la cible !

Apparemment, l'écholocalisation appartient aux seuls odontocètes, qui l'utilisent pour repérer une proie et la neutraliser. Les mysticètes, en quête d'une masse de nourriture microscopique, n'ont, semble-t-il, pas développé cette technique, du moins pas à ce niveau de perfection.

Grâce à son sonar, le dauphin est capable de détecter une proie à quelques dizaines de mètres, même s'il ne la voit pas encore.

Un outil de navigation

Le sonar des dauphins leur est également utile pour se diriger. En modulant la fréquence d'émission des clics, ils peuvent reconnaître leur chemin à distance en analysant les fonds sous-marins. Cette faculté leur permet aussi bien de naviguer dans les eaux troubles et encombrées des estuaires* que de retrouver l'air libre quand ils chassent sous les glaces.

Le dauphin du Gange est presque aveugle. Minuscules et dépourvus de cristallin, ses yeux ne lui servent qu'à estimer la provenance de la lumière. En revanche, son sonar est un modèle du genre : son émission de clics est pratiquement ininterrompue.*

Second par la taille chez les cétacés, le rorqual commun émet des sons de basse fréquence qui peuvent parcourir plusieurs centaines de kilomètres. Une manière de communiquer avec ses semblables, souvent dispersés sur de très grandes surfaces.

Toucher, sentir et goûter

Baleines et dauphins sont particulièrement sensibles aux contacts corporels. Un simple effleurement les fait réagir, même s'il s'agit d'animaux de plusieurs dizaines de tonnes. En revanche, les sens du goût et de l'odorat sont inégalement développés chez les mysticètes et les odontocètes.

Toucher... sans les mains !

Tout au long de leur existence, les cétacés échangent des caresses. Les rapports mère-petit sont, dès la naissance, extrêmement étroits. Par la suite, nombreuses sont les occasions de se frotter contre un congénère. Le jeu, les contacts, même entre partenaires du même sexe, sont monnaie courante.

Contrairement aux dauphins, les baleines à fanons ont conservé quelques poils autour de la tête, les vibrisses, irrigués par un réseau veineux et connectés à un nerf. Chez les rorquals, engouffreurs de plancton*, de même que chez la baleine grise qui racle les fonds vaseux avec sa bouche entrouverte, les vibrisses sont probablement utilisées pour estimer la nature et la densité du banc de nourriture.

Les liens sociaux entre ces deux dauphins de l'Irrawaddy sont renforcés par des contacts continuels.

NAGER "À TÂTONS"

Quasiment aveugle, le dauphin du Gange nage dans des eaux boueuses encombrées de branchages et, à la saison sèche, dans des affluents très peu profonds. Astucieusement, il utilise d'autres facultés que la vue pour se repérer (voir sonar p. 25). *Il se déplace notamment couché sur le côté gauche, la nageoire pectorale en contact avec le fond, en agitant constamment la tête de haut en bas. Son sens du toucher particulièrement développé lui permet de se situer par rapport au sol, qu'il "tâte" comme un aveugle le fait à l'aide de sa canne.*

Seuls odontocètes à avoir conservé quelques vibrisses autour du rostre, les dauphins d'eau douce fouillent la vase pour y trouver leur nourriture. Les vibrisses sont pour eux un moyen de "tester", avant de les engloutir, les succulentes larves, vers de vase et crustacés qui composent leur menu.*

La baleine à bosse, qui possède en tout et pour tout une centaine de vibrisses concentrées sur le front et sur le menton, est le plus "poilu" des mysticètes. La baleine franche en présente également quelques-unes, réparties à l'extrémité des deux mâchoires.

Un monde presque inodore

Dans l'air, les odeurs se dispersent facilement ; grâce aux capteurs présents dans leurs narines, les mammifères terrestres ont développé un système olfactif* perfectionné. En revanche, l'eau freinant la dispersion des odeurs, la faculté de "sentir" par les narines a totalement disparu chez les cétacés à dents. Curieusement, les baleines à fanons, elles, ont conservé intacte leur muqueuse* olfactive. Lorsqu'elles émergent de l'eau, elles perçoivent l'odeur – véhiculée par le vent – que dégage le plancton présent juste sous la surface.

Une affaire de goût

Les cétacés possèdent, sur la langue, des papilles gustatives : les bourgeons. Ceux-ci sont la preuve que la fonction du goût est toujours active. Les dauphins sont en effet capables de faire la différence entre le sucré, le salé et l'amer. De même, ils refusent de consommer une nourriture avariée.

Les dauphins savent détecter, grâce à leurs bourgeons, les effluves chimiques d'un festin se déroulant quelque part en mer, lorsque calmars, sardines ou harengs se nourrissent dans un banc de plancton, par exemple. Ainsi localisent-ils leurs proies à distance. La chasse devient alors collective, les dauphins concentrant les poissons en une masse compacte afin de les consommer plus facilement. Cette méthode propre à certains cétacés est appelée stratégie du carrousel.

Poissons et calmars constituent une nourriture de choix pour de nombreux cétacés.

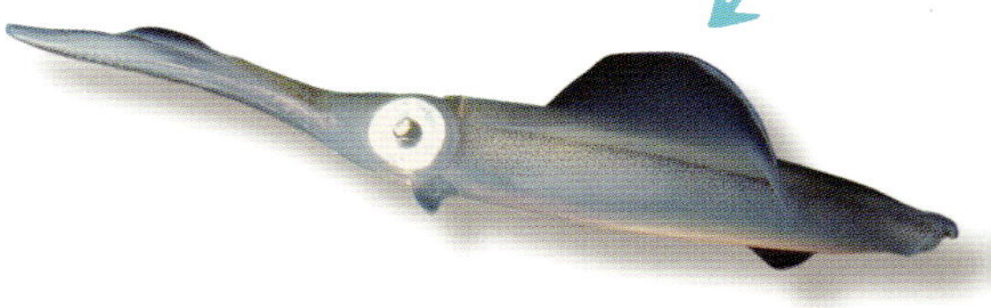

Carrousel d'orques chassant autour d'un banc de sardines terrorisées.

Les dauphins ne sont pas les seuls cétacés à solliciter les attentions de l'homme : la baleine grise s'adonne aussi parfois à cet exercice. Poussé par sa mère, le baleineau s'approche volontiers d'une embarcation chargée d'observateurs, dans le but évident de recevoir des caresses.

Le Basilosaurus semble être le dernier ancêtre des odontocètes à avoir possédé un système olfactif. C'était il y a 40 millions d'années. On suppose que ces animaux ont progressivement abandonné cette faculté, en même temps qu'ils développaient celle de l'écholocalisation.

Mordre à belles dents

Les cétacés sont carnivores. Les odontocètes comptent même dans leurs rangs les cachalots aux redoutables mâchoires... Ces authentiques prédateurs se comparent aux félins chez les mammifères terrestres.

Une dentition adaptée

Les ancêtres des cétacés, omnivores, consommaient des poissons, des crustacés et des mollusques. Canines, incisives et molaires leur permettaient de capturer, de découper et de broyer. Les odontocètes actuels avalent leurs proies sans les mâcher, de sorte que leurs dents ont toutes la même forme. Toutefois, selon qu'ils appartiennent à la catégorie des teutophages ou à celle des ichtyophages, la structure de leur dentition diffère.

Un tentacule de calmar est resté accroché à la tête de ce globicéphale tropical, tout juste remonté de la chasse.

Ces dauphins communs chassent en groupe compact les bancs de poissons ; leur stratégie est basée sur la rapidité de l'attaque.

Mangeurs de calmars ou de poissons

Les teutophages *(voir p. 11)* convoitent des proies lentes, pratiquement immobiles au moment de leur capture. Ils possèdent moins de dents que les ichtyophages. Certains d'entre eux (cachalot, dauphin de Risso et la plupart des baleines à bec) n'ont aucune dent sur la mâchoire supérieure : la "tenaille" exercée par les deux mâchoires suffit à immobiliser leur proie.

Les ichtyophages chasseurs de poissons ont, au contraire, une dentition bien garnie. Certains dauphins ont jusqu'à 120 dents sur chaque maxillaire*.

Éclectique, le grand dauphin consomme poissons, calmars ou crustacés. Cette souplesse alimentaire lui a permis de coloniser toutes les mers. Il collabore même avec les pêcheurs Imragens, une peuplade de Mauritanie, pour rabattre les poissons dans les filets.

Dans l'estomac d'un hyperoodon arctique – une grande baleine à bec –, on a retrouvé des étoiles de mer, des coquillages, des crustacés et même... des pierres, preuve que l'hyperoodon, qui plonge à près de 1 000 m, racle parfois les fonds pour se nourrir.

Une digestion complexe

Comme les ruminants, les dauphins ont un estomac divisé en plusieurs chambres dans lesquelles les aliments sont progressivement digérés. Gros mangeurs (ils doivent maintenir une température interne de 36 °C), les odontocètes ont un intestin proportionnellement deux fois et demie plus long que celui des mammifères terrestres. Le foie, le pancréas et surtout les reins sont très développés, car ils doivent épurer l'eau de mer du sel qu'elle contient. Les teutophages ont les reins plus gros que les ichtyophages, car les calmars dont ils se nourrissent sont gorgés de sel, alors que les poissons avalés par les ichtyophages l'éliminent.

Les orques, des chasseurs organisés

Les spécialistes considèrent qu'il existe deux espèces : les orques résidentes, organisées en communautés (comme celles de l'île de Vancouver, au Canada), et les orques itinérantes. Les premières se nourrissent surtout de saumons et de céphalopodes et communiquent entre elles lorsqu'elles chassent. Presque toujours en bandes, les secondes traquent les phoques, les otaries, les dauphins, les marsouins, les oiseaux, et même les baleines... dans un silence absolu.

En Patagonie (Argentine), les orques rôdent près des plages en février lorsque les jeunes otaries commencent à nager. Elles attaquent les baleines franches à partir de juillet, au moment de la naissance des petits.

STRATÉGIES

Chaque espèce adapte ses stratégies de chasse aux conditions locales. Aux États-Unis, en Caroline du Sud, les grands dauphins s'échouent entièrement sur les rivages boueux pour capturer leurs proies. En Norvège, les orques assomment les sardines d'un coup de queue, après les avoir regroupées en boule (voir carrousel p. 27). *Aux Marquises, les péponocéphales (ci-dessous) attirent les calmars la nuit, utilisant leurs lèvres blanches en guise d'appât.*

Ses puissantes mâchoires, armées chacune de 40 à 52 dents, font de l'orque l'un des prédateurs les plus efficaces des océans.

Quelques dizaines de dauphins de l'Irrawaddy vivent dans certains lacs d'eau douce de Bornéo. Ce sympathique dauphin sans bec a la faculté de cracher un jet d'eau capable d'extraire une proie envasée, mais aussi de faire tomber à l'eau un petit animal terrestre.

Il existe six espèces de marsouins. Ils se distinguent des dauphins par plusieurs caractéristiques : ils sont tous de petite taille, leur rostre est pratiquement absent et, surtout, leurs dents ne sont pas coniques comme celles des dauphins, mais plates et tranchantes.*

À gauche, un fanon de baleine grise d'environ 50 cm. À droite, un fanon de baleine du Groenland qui atteint 4,50 m. Cette disproportion traduit deux façons différentes de se nourrir.

Écrémeuses et engouffreuses

Les baleines engouffrent des tonnes d'eau contenant de la nourriture, qu'elles filtrent ensuite à travers leurs fanons. Un "choix écologique" qui implique des mécanismes particuliers de capture et de digestion.

À propos de fanons

Les baleines ne mâchent pas, elles engloutissent leurs aliments, sans pour autant avaler toute l'eau qui les contient. À leur mâchoire supérieure sont suspendus entre 200 et 450 fanons constitués de kératine (la matière formant les poils et les ongles). Chaque fanon se présente sous forme de deux lames minces et aplaties enfermant la partie filtrante : une rangée de poils solides dirigés vers l'intérieur de la bouche.

Bouche ouverte, fanons apparents, une baleine franche "écrème" le plancton en surface* (voir DVD, chap. 01).

Un mécanisme étonnant

Pour ingurgiter le krill tout en nageant, la baleine abaisse sa mâchoire inférieure. Sous l'effet de la poussée de l'eau, sa gorge se gonfle et forme une gigantesque poche, bientôt remplie d'eau grouillante de nourriture *(voir dessin ci-dessous)*.

La baleine referme ensuite sa mâchoire jusqu'à ce qu'elle touche les fanons. Elle gonfle alors son énorme langue et contracte les muscles de sa poche ventrale pour chasser l'eau à travers les fanons garnis de poils. Piégées par ces derniers, les proies sont ensuite avalées.

Quatre estomacs

La nourriture franchit l'œsophage et aboutit dans une première chambre de l'estomac, où les aliments sont broyés. Dans la seconde, ils sont imprégnés de sucs gastriques, puis ils passent dans la troisième chambre où s'effectue la digestion proprement dite. Enfin, ils rejoignent la quatrième chambre, connectée à d'autres organes tels que le foie et le pancréas. Le parcours s'achève à l'issue de quelque 100 m d'intestin (150 m chez la baleine bleue) !

Une baleine bleue de 120 t consomme chaque jour 4 t de nourriture, soit le trentième de son poids. Au cours des 5 mois passés sur son terrain de chasse, son poids augmente de 50 %. Ce gain est essentiellement constitué de graisse, mais aussi de muscles.

Pour éliminer le sel contenu dans le krill, les baleines ont développé des reins énormes composés d'organes filtreurs indépendants, les renculi. Le rorqual commun en compte plus de 6 000 alors que le dauphin commun, mangeur de poissons à la chair dépourvue de sel, n'en possède que 450.

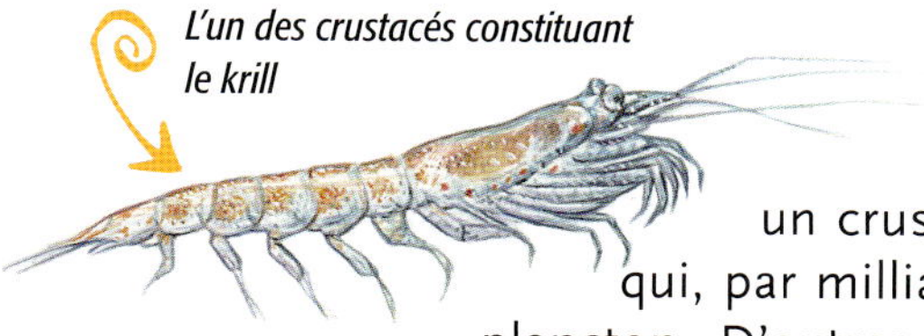

L'un des crustacés constituant le krill

À menus différents...

Le mets favori des baleines est un crustacé voisin de la crevette, le krill, qui, par milliards d'individus, compose le zooplancton. D'autres proies (divers crustacés tels les copépodes, mollusques, méduses, larves, etc.) sont également consommées : mis à part pour la baleine bleue plus sélective, "tout fait ventre" pour ces géants des mers, y compris les poissons attirés par le festin.

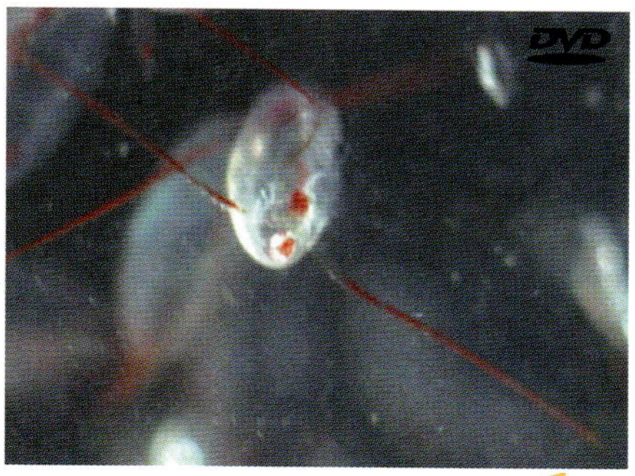

Copépodes (voir DVD, chap. 10)

... stratégies différentes

Les baleines franches utilisent parfois la technique de l'écrémage : l'eau chargée de plancton passe entre les deux rangées latérales de fanons. Entraînée par le flot continu, la nourriture est piégée dans les poils et ingurgitée *(voir DVD, chap. 01)*.

Les rorquals sont des engouffreurs. Ils nagent la bouche grande ouverte, parfois sur le côté droit comme le rorqual commun, parfois ventre en l'air comme la baleine bleue, mâchoire inférieure dressée verticalement au-dessus de la surface de l'eau.

En groupes organisés de 2 à 20 individus, les baleines à bosse chassent les harengs en Alaska en se ruant à la surface. Soufflant un rideau de bulles par l'évent, elles encerclent les poissons terrorisés avant de monter à la curée : c'est le *bubble net feeding* *(voir p. 71)*.

Baleines à bosse pratiquant le bubble net feeding

LE CAS DE LA BALEINE GRISE

Cette étrange baleine, très différente de ses cousines, a un mode d'alimentation unique. S'il lui arrive d'écrémer la mer, elle racle aussi le fond boueux pour en extraire des crabes, des mollusques et des vers de vase… toujours avec le côté droit de la bouche, d'où une usure asymétrique des fanons. Elle a même été observée en train d'avaler des algues contenant toutes sortes de mollusques et de larves.

C'est la baleine du Groenland qui possède les fanons les plus longs (4,50 m), alors qu'elle-même ne mesure que 15 m de longueur. En comparaison, alors qu'elle est deux fois plus grande, la baleine bleue a des fanons mesurant à peine 1 m de long.

Lorsque krill et poissons viennent à manquer, certaines baleines n'hésitent pas à varier leur menu. Le rorqual commun engloutit des quantités phénoménales de calmars de petite taille, les calmars géants étant, du fait de la profondeur de leur habitat, hors de sa portée.

Les odontocètes, des animaux sédentaires ?

À quelques exceptions près, les odontocètes ne sont pas de grands voyageurs. S'il leur arrive de poursuivre leurs proies favorites au cours de leurs déplacements, ce n'est jamais sur des distances considérables. Nous sommes loin des milliers de kilomètres parcourus par les baleines.

Friands de calmars, les dauphins de Risso aux Açores, les péponocéphales aux Marquises ou les globicéphales aux Canaries en trouvent sur place toute l'année. C'est pourquoi ces espèces sont, localement, considérées comme sédentaires. Les grands dauphins qui hivernent près des îles de Jersey et de Guernesey rejoignent chaque été la baie du Mont-Saint-Michel. Ils suivent simplement leurs sardines préférées, elles-mêmes en quête de nourriture.

Dans l'île brésilienne de Fernando do Noronha, une communauté de plus de 500 dauphins à long bec, signalée par les navigateurs dès le XVIIe siècle, a élu domicile dans une baie dite "baie des Dauphins". Chaque jour, au crépuscule, ces derniers quittent leur abri pour chasser en haute mer et... revenir au petit matin, l'estomac plein ! En revanche, du côté Pacifique, ces mêmes dauphins à long bec suivent les bancs de thons albacores, s'associant avec eux pour chasser les harengs. Cela cause fréquemment leur perte, les dauphins se retrouvant capturés en même temps que les thons dans les filets.

L'orque, elle non plus, ne migre pas vraiment, mais elle est capable de déplacements importants pour se nourrir. Au début des années 1970, lorsque les sardines de l'Atlantique Nord, menacées de disparition par une pêche excessive, ont quitté les abords de l'Islande pour les fjords de Norvège, les orques les ont immédiatement suivies.

UNE EXCEPTION DE TAILLE : LE CACHALOT

Si femelles et petits demeurent dans les eaux tempérées toute l'année, les cachalots mâles sexuellement matures effectuent de véritables migrations. Au printemps, ils rejoignent les régions froides, là où les calmars sont plus gros et plus abondants. Pourtant, les cachalots qui vivent au large de Kaikoura, en Nouvelle-Zélande, ne migrent pratiquement jamais. À cet endroit en effet, les courants marins font remonter une quantité importante de plancton, qui favorise la présence des calmars dont les cachalots se régalent.*

Le très élégant dauphin de Commerson ne se déplace pratiquement pas. Il a élu domicile toute l'année à l'embouchure de certaines rivières d'Amérique latine, où il profite d'une abondante nourriture attirée par le mélange d'eau douce et d'eau salée.

Durant l'été, les bélougas canadiens vivent dans les estuaires peu profonds de l'Arctique et remontent les rivières sur de longues distances. Lorsque la banquise se reforme à l'automne, ils traversent le détroit de Davis pour hiverner vers la côte ouest du Groenland.*

Certains étés, l'hyperoodon arctique séjourne dans les eaux des Açores. Les chercheurs n'ont trouvé aucune explication logique à sa présence à cette latitude en cette saison, alors qu'il devrait se trouver dans l'Arctique pour se nourrir.

Le grand dauphin est, de tous les dauphins, celui qui s'adapte le mieux aux circonstances. Si les conditions de vie cessent de lui convenir, il change tout bonnement de territoire. Cette remarquable faculté d'adaptation explique qu'il soit présent dans tous les océans.

La baleine, une grande voyageuse

Les migrations des animaux, baleines ou oiseaux, restent en partie un mystère. Après avoir passé l'été à engraisser en eau froide, la plupart des grandes baleines regagnent les eaux chaudes des tropiques pour se reproduire. Des voyages saisonniers qui font franchir à certaines d'entre elles près de 9 000 km en quelques mois...

Un cycle immuable

À chaque printemps, une partie des glaces polaires fondent. Sous l'effet du réchauffement, l'océan se remplit de masses impressionnantes de krill qui attirent toutes sortes d'espèces supérieures dans l'échelle alimentaire*. C'est le branle-bas de combat chez les harengs, les anchois, les sardines... ainsi que chez les baleines. Pendant plusieurs mois, elles se gavent dans ces eaux riches en nourriture. Lorsqu'enfin elles ont retrouvé un tour de taille digne du plus gros animal du monde, et reconstitué leurs réserves de lard, elles repartent vers les tropiques pour se reproduire.

Au repos dans une baie tranquille de Patagonie, cette baleine franche s'en ira bientôt rejoindre ses terrains de chasse favoris, dans les eaux froides de l'Antarctique.

La baleine bleue se nourrit exclusivement de krill. Non contente de s'en gaver à proximité des glaces en été, elle en consomme également sur ses lieux de reproduction, de sorte qu'à la même saison, elle peut être observée aussi bien près du cercle polaire que dans les eaux tempérées.

Le rorqual boréal (ou rorqual de Rudolphi) est totalement imprévisible dans ses déplacements. Comme toutes les baleines au régime mixte (krill et poissons), il ne chasse pas dans des eaux aussi froides que la baleine bleue et il apparaît souvent là où on ne l'avait jamais vu auparavant.

Les "fidèles"

Nombreux sont les animaux qui rejoignent le lieu où ils sont nés pour donner la vie à leur tour. Ainsi, les baleines franches australes nées dans la fameuse baie de Valdés, en Argentine, y reviennent année après année. Elles s'y accouplent et y mettent leur petit au monde, bouclant ainsi le cycle de la vie. Leurs cousines d'Afrique du Sud, d'Australie et de Nouvelle-Zélande font exactement de même. La minuscule population de baleines franches de l'hémisphère Nord a des rythmes et des déplacements plus restreints, car elle évolue dans des zones industrialisées et sillonnées par de nombreux navires *(voir DVD, chap. 02)*.

De leur côté, les baleines à bosse, que l'on appelle aussi mégaptères, regagnent les eaux qui les ont vues naître. Après s'être repues de nourriture, les populations d'Alaska retournent ainsi à Hawaii, celles de Vancouver vers la Basse-Californie mexicaine et celles des Caraïbes rejoignent la côte Est des États-Unis et du Canada.

Les baleines grises, enfin, sont celles qui effectuent les plus longues migrations. Elles suivent les côtes tout au long de leur trajet, contrairement aux autres baleines qui voyagent en pleine mer.

Parties d'Hawaii, ces deux baleines à bosse viennent d'arriver en Alaska pour se nourrir de harengs durant tout l'été.

Née il y a quelques semaines, cette petite baleine grise va devoir parcourir 9 000 km en compagnie de sa mère pour rejoindre la mer de Behring.

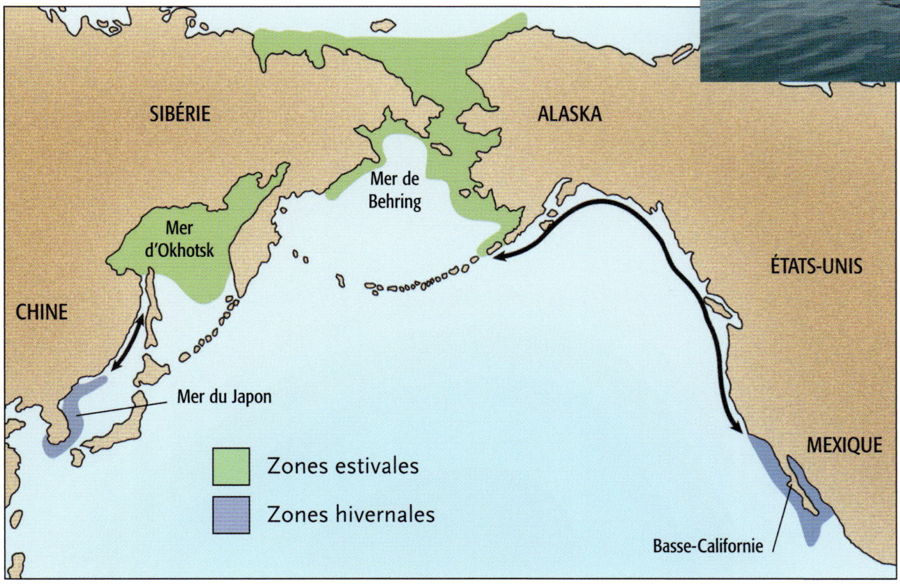

Carte des migrations de la baleine grise. Les flèches noires indiquent les principales routes migratoires. La population de la mer du Japon n'est plus constituée que de rares individus.

Le rorqual de Bryde vit dans les eaux tropicales, été comme hiver. Il s'y reproduit et se nourrit de plancton et de petits poissons poussés vers la surface par les puissants courants de fond.*

La baleine franche pygmée habite les eaux froides et inhospitalières du Pacifique Sud. Elle est donc très difficile à observer. Ses migrations, si elles existent, s'effectuent probablement sur de courtes distances.

La vie en société

Dans un monde hostile où toute faiblesse est synonyme d'élimination, les cétacés ont dû, pour survivre et prospérer, inventer des stratégies collectives de défense, de chasse et de reproduction. Certains ont ainsi développé des liens sociaux très étroits.

Le péponocéphale
C'est l'un des dauphins qui constituent les groupes sociaux les plus importants, certains comptant plusieurs centaines d'individus. À l'intérieur du troupeau, on observe de petites cellules familiales, chacune protégée par un mâle. En cas de menace, le clan se disperse. Cette stratégie déroute l'attaquant et fait gagner du temps aux fuyards.

Le dauphin commun
Il vit en communautés qui peuvent atteindre des centaines d'individus, et couvrir plusieurs hectares d'océan. Ceux qui nagent à la périphérie du groupe préviennent les autres d'un éventuel danger ou de la présence de nourriture. Chacun relaie l'information de loin en loin, jusqu'à ce que l'ensemble du troupeau réagisse de façon coordonnée.

La baleine grise
Au Mexique, dans les lagons tranquilles de Basse-Californie, l'essentiel des associations est constitué de couples mère-petit (comme ici), surtout au début de la saison de reproduction. Après les accouplements, les mâles quittent le lagon et se regroupent entre eux, notamment pour se nourrir.

La baleine bleue
Comme la plupart des grands rorquals, c'est plutôt une solitaire. La mère et son petit constituent la cellule de base, au moins le temps de l'allaitement. Si plusieurs individus sont observés ensemble, cela signifie sans doute que le krill est abondant. L'individualisme est imposé par le fait qu'un banc de krill peut rarement satisfaire plusieurs "engouffreuses" à la fois.

L'orque
Le plus grand des dauphins vit en tribus soudées par des liens sociaux très forts. Chaque groupe est mené par une femelle âgée dont l'expérience profite à tous les membres, y compris aux mâles. Le langage contribue à l'unité du clan, certains codes de reconnaissance étant étrangers aux membres d'un groupe voisin.

Dans les eaux riches en calmars des Açores vivent des groupes sédentaires de dauphins de Risso, constitués d'une vingtaine d'individus. Au sein de ces communautés, on distingue des cellules de trois individus, composées d'un petit et de deux femelles.

Aux Canaries, une curieuse relation s'établit parfois entre globicéphales et grands dauphins. Ces derniers se comportent comme des chiens de berger. Dès qu'un nageur s'approche d'un groupe de "globis", les dauphins s'interposent pour les faire dévier de leur route.

La baleine à bosse

Le couple mère-petit peut durer deux ans, le temps de deux allers et retours entre les eaux tropicales et les terrains de chasse en eaux froides. Le deuxième groupe est constitué de jeunes individus des deux sexes, jusqu'à ce qu'ils atteignent leur maturité sexuelle. Le troisième groupe est celui des mâles reproducteurs. Pour la chasse, des associations très étroites se nouent parfois, comme en Alaska, où une quinzaine de baleines se rassemblent pour traquer les harengs.

Le globicéphale tropical

Ce dauphin à grosse tête est particulièrement social. On a observé des rassemblements de plusieurs centaines d'individus, liés à la reproduction ou à la chasse. Dans cette société polygame, les mâles dominants protègent la communauté, même après les accouplements.

DAUPHINS SOLITAIRES : LES "AMBASSADEURS"

Les dauphins dits "ambassadeurs", souvent des grands dauphins, peuvent rester solitaires, sans jamais s'intégrer à leurs semblables. Certains de ces dauphins, capturés par l'homme, ont été relâchés des années plus tard loin de leur lieu de capture. Leur langage étant totalement étranger à celui des dauphins locaux, ils ont continué à rechercher la compagnie des hommes.

Le cachalot

Les mâles solitaires ne rejoignent les groupes que pour se reproduire. Les femelles et les jeunes constituent des tribus d'une vingtaine d'individus. Le nouveau-né est protégé par les autres femelles, les "tantes", en particulier lorsque sa mère s'absente pour chasser. En cas de danger, elles entourent le petit, nageoire caudale tournée vers l'extérieur, en formant une "marguerite".

On a observé, au sein d'un groupe d'une dizaine de cachalots, une mère portant son bébé mort-né en travers de la bouche, preuve de la force du lien mère-petit. Les hydrophones ont enregistré à cette occasion des vocalises d'une intensité inhabituelle.

Il arrive que des centaines de globicéphales nagent côte à côte, sur une ligne de plus de 4 km de large. Ces rassemblements spectaculaires traduisent la présence, en profondeur, de nombreux calmars.

Langage et communication

En mer, la visibilité est limitée et la propagation des sons cinq fois plus rapide que dans l'air. Il n'est donc pas surprenant que les cétacés, parmi leurs différents modes de communication, aient privilégié le langage "parlé".

Reconnaissance acoustique

La vision des cétacés porte jusqu'à 50 m en eau claire mais la plupart du temps, la mer est d'une transparence médiocre. C'est pourquoi ces animaux ont développé l'écholocalisation *(voir p. 24-25)*. Cette technique leur sert individuellement pour chasser et pour se diriger, mais elle intervient également dans la communication. Les odontocètes, en effet, sont capables de reconnaître les formes d'un congénère hors de leur vue en le balayant d'une intense émission de "clics" ultrasoniques*.

Communications à longue portée

Identifier ses semblables et savoir à qui l'on a affaire, c'est bien, dialoguer avec eux, c'est mieux ! En plongée, les cétacés émettent des sons en modulant graves et aigus à volonté. Voyageant dans l'eau à la vitesse de 1 500 m/s, les informations sonores sont rapidement perçues par leurs destinataires, et parfois de très loin. On sait, par exemple, que les grandes baleines sont capables de transmettre des informations simples sur des centaines ou des milliers de kilomètres, grâce à des émissions sonores de très basse fréquence.

LES CHANTS DE LA BALEINE À BOSSE

Dépourvue de cordes vocales comme tous les cétacés, la baleine à bosse nous offre pourtant un chant d'amour magnifique. Pratiqué seulement par les mâles en période de reproduction, celui-ci ne peut être entendu que sous les tropiques. Chaque population a ses propres variantes, de telle sorte que les spécialistes peuvent identifier la provenance d'un chant grâce à la signature acoustique de l'animal qui l'a émis.

Au sein de ce troupeau de dauphins tachetés de l'Atlantique, observé aux Açores, le langage sifflé est particulièrement intense.

Les langages sifflés

En montagne, certains bergers emploient un langage sifflé pour communiquer d'un sommet à l'autre. Le mode de communication à courte distance des cétacés est assez similaire. Ainsi, ils savent à tout instant se prévenir mutuellement d'un danger, maintenir la discipline au sein d'un groupe ou même définir une stratégie de chasse. En outre, le rythme, l'amplitude et le timbre utilisés par un individu lorsqu'il "parle" à l'aide de clics constituent une véritable "signature sonore" qui permet aux membres de son groupe de l'identifier.

Les scientifiques savent encore peu de choses sur ce sujet. On suppose que ces échanges se limitent à des informations élémentaires et que baleines et dauphins sont incapables d'exprimer des idées abstraites.

Surnommé "canari des mers", le bélouga est l'un des cétacés les plus bavards. Il crée souvent une véritable cacophonie sous-marine. En revanche, il est peu démonstratif, et saute rarement au-dessus de la surface de l'eau.

Lorsque la mer est agitée et le vent fort, les baleines sautent et sortent la tête de l'eau pour observer. En effet, le bruit de fond causé par les éléments climatiques peut masquer un danger en surface – bateau ou autre –, d'où ce contrôle visuel.

Parler, c'est aussi bouger

La communication vocale n'est pas la seule utilisée. Extrêmement sociaux, les cétacés sont friands de contacts directs. Leur peau, grâce à ses nombreuses terminaisons nerveuses, facilite la transmission des sensations. Dès son plus jeune âge, à travers les contacts répétés avec sa mère puis avec les autres membres de sa communauté, le petit est habitué aux échanges tactiles.

Les cétacés s'expriment aussi en marsouinant ou en sautant. Audible à grande distance, un saut peut signifier : "Je veux jouer!" ou "Attention, danger!". Il peut également être destiné à effrayer une proie ou, pour les mâles, à faire connaître leurs intentions aux femelles ou à leurs rivaux. Cette forme d'intimidation, pourtant, n'empêche pas de brutales confrontations.

Une mère baleine à bosse entraîne son petit, né quelques semaines auparavant, à sauter. Le saut deviendra pour lui un langage à part entière.

Au début des années 1960, des sous-mariniers ont détecté des sons réguliers, émis sur la bande des 20 Hz, et donc inaudibles pour l'oreille humaine. Après enquête, les spécialistes ont identifié des échanges vocaux entre rorquals communs… et non pas une arme secrète ennemie !

Par des sauts à répétition, le cachalot mâle exprime à la fois sa disponibilité vis-à-vis des femelles, mais aussi un défi à l'adresse des autres mâles. Ce type de comportement peut tout à fait être rapproché du chant des baleines à bosse.

L'intelligence des cétacés

Du point de vue humain, l'intelligence est une notion complexe. Les facultés d'apprendre, de mémoriser, de raisonner, d'analyser une situation, de faire face à un événement imprévu sont autant de marques d'intelligence. Les cétacés en sont-ils capables ?

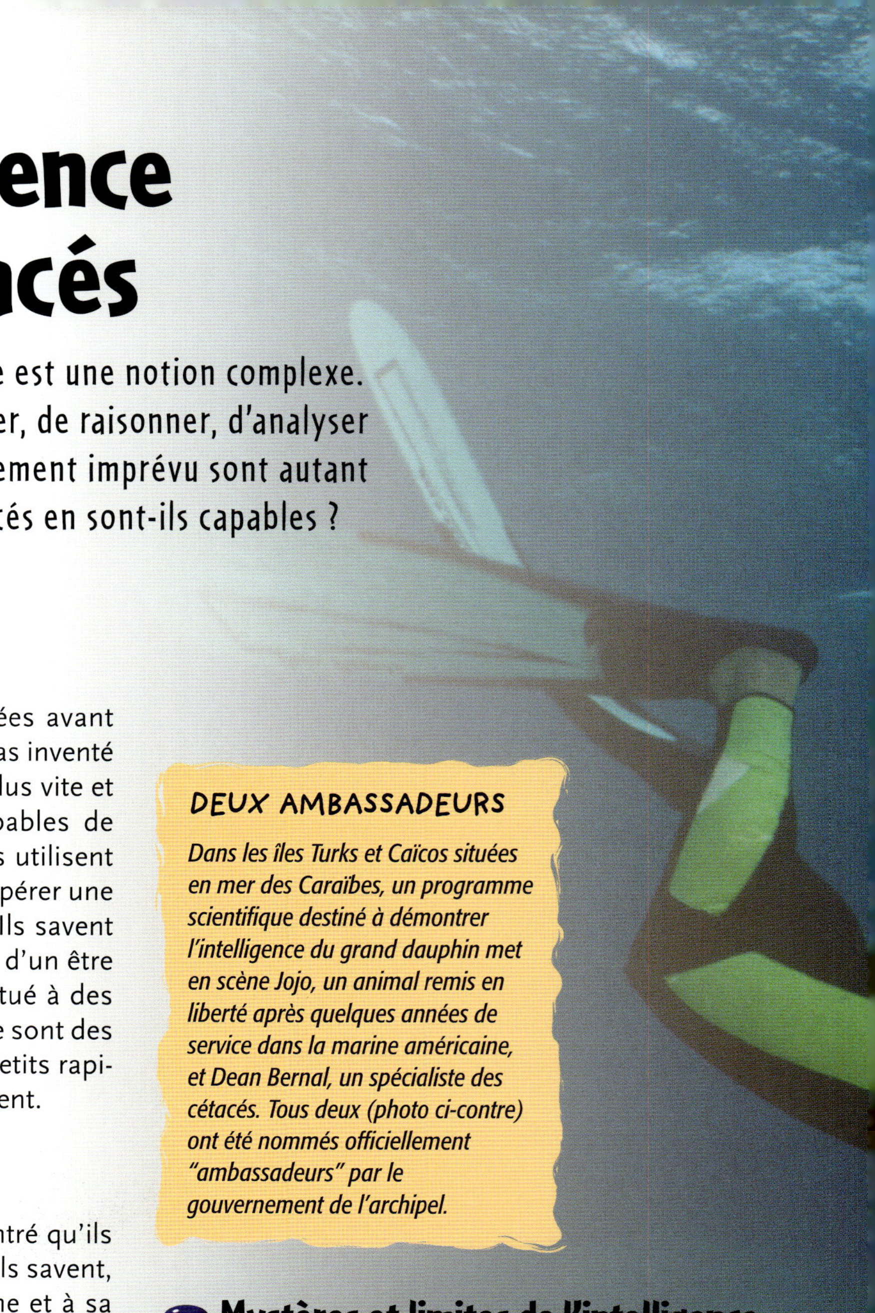

Des animaux pleins de talents

Apparus sur Terre des millions d'années avant l'homme, les baleines et les dauphins n'ont pas inventé l'écriture ni la roue, mais ils nagent mieux, plus vite et plus profond que quiconque. Ils sont capables de s'orienter grâce au magnétisme terrestre. Ils utilisent un sonar biologique ultra performant pour repérer une proie éloignée ou dissimulée dans le sable. Ils savent évaluer l'état de santé ou le degré d'émotion d'un être vivant, communiquer avec un congénère situé à des centaines, voire des milliers de kilomètres. Ce sont des êtres sociaux, qui donnent naissance à des petits rapidement autonomes, les choient et les éduquent.

Doués pour apprendre

En captivité, certains dauphins ont montré qu'ils pouvaient résoudre des problèmes simples. Ils savent, par exemple, reconnaître un objet à sa forme et à sa couleur, et le repérer ensuite parmi d'autres objets. Ils sont également capables d'interpréter une succession de signes visuels ou sonores émis par un dresseur, et d'exécuter la manœuvre demandée. Il s'agit d'une forme d'intelligence résultant d'un enseignement, que ne possèdent pas tous les animaux. D'ailleurs, les cétacés n'ont pas tous la même facilité pour apprendre. Hormis le grand dauphin et l'orque, rares sont les odontocètes aptes à communiquer avec l'homme. Les mysticètes, quant à eux, du fait de leur taille et surtout de leur mode de vie, ne survivent pas en captivité. Par conséquent, nous ne pouvons les côtoyer suffisamment longtemps pour évaluer leur degré d'intelligence.

DEUX AMBASSADEURS

Dans les îles Turks et Caïcos situées en mer des Caraïbes, un programme scientifique destiné à démontrer l'intelligence du grand dauphin met en scène Jojo, un animal remis en liberté après quelques années de service dans la marine américaine, et Dean Bernal, un spécialiste des cétacés. Tous deux (photo ci-contre) ont été nommés officiellement "ambassadeurs" par le gouvernement de l'archipel.

Mystères et limites de l'intelligence

Dans l'océan, de nombreux dauphins meurent prisonniers des filets de pêche destinés aux poissons. Un simple saut leur rendrait la liberté, mais nul ne leur a appris comment s'échapper, et cette ignorance les conduit à leur perte. Ces animaux ont du mal à affronter une situation nouvelle à laquelle ils n'ont pas été préparés. En revanche, ils sont capables de raisonnements complexes, adaptés à leur environnement. Les odontocètes ainsi que les mysticètes savent coordonner leurs actions pour chasser, se reproduire ou se défendre. Il s'agit là d'une forme certaine d'intelligence, qui s'exprime d'une tout autre manière que la nôtre.

En captivité, le grand dauphin est capable de se reconnaître dans un miroir immergé. C'est la preuve qu'il a conscience de son image, et donc de lui-même en tant qu'individu. Cette faculté exceptionnelle ne serait apparue que récemment au cours de l'évolution.

Avec ses 10 kg, le plus gros cerveau est celui du cachalot. Un record à nuancer car, si l'on mesurait l'intelligence selon le rapport poids du cerveau/poids du corps, l'animal le plus intelligent serait le minuscule oiseau-mouche…

Dans le cerveau humain, l'usage simultané de la vue, de l'ouïe et du toucher, dont les zones sont éloignées les unes des autres, nécessite de longs transports d'information. Chez les cétacés, ces fonctions sont regroupées dans une seule et même zone, d'où une efficacité accrue.

L'orque est sans doute l'un des cétacés les plus astucieux en termes de stratégie alimentaire. Elle est en effet capable de s'échouer sur une plage pour capturer une otarie, de "secouer" un morceau de banquise pour déstabiliser un manchot, ou d'assommer un hareng d'un coup de nageoire caudale.

Chez ce grand dauphin, l'écart entre la fente génitale et la fente anale montre qu'il s'agit d'un mâle.

Donner la vie en mer

Véritable "chef de harem", le cachalot reproducteur est le partenaire exclusif de chacune de ses femelles, alors que les petits dauphins océaniques pratiquent le multipartenariat. Ces différences de comportement semblent être liées à l'environnement et à l'organisation sociale des espèces.

Le pénis du dauphin, en érection permanente, est maintenu dans un repli de l'abdomen par deux muscles rétracteurs qui se relâchent au moment de l'accouplement.

Mâles ou femelles

Pour mieux nager, les cétacés ont "lissé" leur silhouette en dissimulant leurs organes reproducteurs dans des plis de la peau. Le mâle et la femelle possèdent un nombril, une fente génitale et une fente anale. Chez la femelle, ces deux fentes sont plus rapprochées, et la fente génitale est entourée de deux petites fentes mammaires. À ceci près, il existe peu de différences de formes évidentes entre les deux sexes. Toutefois, les mâles odontocètes sont plus grands que leurs femelles, contrairement aux mysticètes.

Accouplement de baleines franches

Passage à l'acte

Chez les migrateurs que sont les baleines et le cachalot, les accouplements ont lieu uniquement dans des eaux tropicales ou tempérées. C'est durant cette période que se produisent les combats entre mâles rivaux, et que l'on entend les chants nuptiaux des baleines à bosse. Chez les baleines, plusieurs positions d'accouplement ont été observées : abdomen contre abdomen, soit sur le côté, soit verticalement, têtes hors de l'eau. La femelle peut aussi s'immobiliser à la surface, dos vers le ciel, tandis que le mâle glisse sous elle, ventre en l'air *(voir DVD, chap. 09)*. L'acte ne dure que quelques dizaines de secondes, mais il est souvent répété.

Chez les dauphins, la stratégie reproductrice la plus répandue est le multipartenariat : un mâle féconde* plusieurs femelles, et chaque femelle est fécondée par plusieurs mâles. La survie de l'espèce prime sur l'instinct de possession individuel.

Accouplement de dauphins tachetés de l'Atlantique

La durée de gestation des mammifères terrestres augmente avec leur poids : 9 mois chez l'homme, 11 chez le cheval, 22 chez l'éléphant. Réduite à 10-12 mois, celle des baleines est imposée par le cycle annuel des migrations.

Dans un lagon de Basse-Californie, des scientifiques ont observé la naissance par la tête d'une petite baleine grise. Ventre en l'air à la surface de l'eau, la mère l'a littéralement propulsée, lui évitant ainsi tout risque d'asphyxie en cas d'expulsion sous l'eau.

Malgré une taille déjà imposante, le petit de la baleine franche ne quitte pratiquement pas sa mère.

Naître et grandir dans l'eau

Le moment venu, après dix à seize mois de gestation*, la future mère se réfugie dans une baie abritée, loin des prédateurs, et souvent en présence d'autres femelles. Près de la surface de l'eau, elle expulse le petit. Libéré, celui-ci déploie ses nageoires et monte vite à la surface prendre sa première goulée d'air. Il a froid. D'instinct, il replonge, pour sa première tétée. La mère pousse un mamelon au travers d'une des deux fentes mammaires. Dépourvu de lèvres, l'affamé ne peut aspirer. Sa mère contracte les muscles qui entourent la glande mammaire et un lait épais jaillit en pleine eau, que le petit apprend vite à capter du bout de la langue ou du coin de la bouche. Grâce à ce lait riche de 15 à 45 % de matières grasses selon l'espèce, il grandit rapidement. Sevré au bout de quelques mois, il apprend à se nourrir comme sa mère.

Le baleineau vient au monde queue la première. S'il se présentait par la tête, il ne se noierait pas, car, chez les cétacés, la respiration est volontaire et non pas instinctive. En revanche, il risquerait de s'asphyxier.

Chaque jour, le petit d'une baleine bleue engloutit environ 80 kg de lait et grossit de 70 kg. Sept jours après sa naissance, le baleineau a doublé son poids. Au moment de son sevrage, soit 7 mois plus tard, il aura consommé presque 17 tonnes de lait.

Chez le cachalot, espèce polygame, le mâle reproducteur reste à la tête de son "harem" le temps de la période de reproduction, "protégeant" ses femelles des concurrents qui ne sont jamais bien loin. Il les abandonne au moment de la migration.

Le dernier voyage

Le quotidien des cétacés n'est pas de tout repos. Habitués au rôle de proie ou de victime, ces mammifères luttent dès la naissance pour leur survie. Heureusement, malgré les dangers, nombre d'entre eux finissent leurs jours naturellement, et certains presque centenaires...

Comme l'orque, le grand dauphin et les globicéphales, le cachalot est particulièrement sujet aux échouages collectifs.

L'espérance de vie

Les cétacés jouissent d'une durée de vie importante, surtout les espèces de grande taille. Ainsi, un cachalot de 18 m et 50 tonnes vit 70 ans, tandis qu'un marsouin des ports, de 1,50 m et 50 kg, meurt au bout de 15 ans. Les dauphins sillonnent les mers pendant 30 à 40 ans, alors qu'une baleine bleue de 30 m et 150 tonnes atteint l'âge respectable de 80 ans.

Aujourd'hui, on constate que les cétacés dont les populations sont les plus stables sont aussi ceux qui occupent pratiquement tous les océans : orque, cachalot, grand dauphin, petits dauphins océaniques, ainsi que les rorquals – baleine à bosse, baleine bleue, rorqual commun, etc. En revanche, ceux dont les modes alimentaires sont trop particuliers ou dont les territoires sont trop restreints – baleine du Groenland dépendante des glaces, dauphins de rivière aux territoires de plus en plus réduits, par exemple – sont menacés d'extinction.

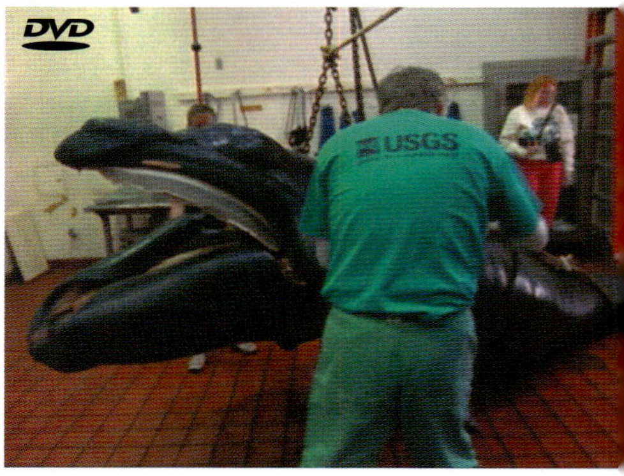

Des scientifiques effectuent l'autopsie d'un petit de baleine franche pour déterminer les causes de sa mort (voir DVD, chap. 07).

Des scientifiques ont retrouvé récemment, dans le corps d'une baleine du Groenland capturée par des Inuits, plusieurs têtes de harpons en usage il y a... 200 ans ! De quoi bousculer les idées reçues sur la longévité des baleines...

Lorsque les baleines étaient encore nombreuses, il existait des cimetières de baleines, lieux abrités où les squelettes s'entassaient par centaines. Peut-on y voir une forme de conscience qui les pousserait à rester groupées, même après la mort ?

La mort nécessaire

La mort naturelle des animaux constitue un gage de survie pour les espèces. Les individus les plus âgés, qui ne font plus de petits, doivent céder la place aux plus jeunes qui assureront le renouvellement des populations. Par ailleurs, les espèces se fortifient grâce aux animaux les plus résistants, qui savent déjouer les pièges, développer des moyens de défense contre les maladies et s'adapter à un nouvel environnement. Les autres, plus faibles, sont éliminés par la sélection naturelle.

Un petit mort-né d'une baleine grise s'est échoué sur un rivage de Basse-Californie.

Prédateurs, parasites et échouages

Parmi les causes naturelles de mortalité chez les cétacés figurent l'action des prédateurs tels que les requins et les orques, mais aussi les virus, les microbes et toutes sortes d'affections apportées par les parasites internes.

Un individu isolé âgé ou malade peut, après sa mort, être rejeté sur la côte par les courants. En revanche, tout échouage collectif est suspect et, le plus souvent, on en ignore les causes. Épidémie ? Dérèglement du système d'écholocalisation ? Mauvaise interprétation du champ magnétique terrestre ? Les espèces les plus touchées sont aussi les plus sociales et toutes sont consommatrices de calmars. Mais dans l'état actuel de nos connaissances, il est impossible d'en tirer la moindre conclusion.

Souvent, les échouages d'individus isolés ont une cause d'origine humaine. Cette baleine franche de Biscaye, heurtée par un navire, a eu la colonne vertébrale brisée (voir DVD, chap. 02).

COMMENT RÉAGIR EN CAS D'ÉCHOUAGE

Il faut rester calme et garder le silence pour ne pas perturber un peu plus les animaux. Il est essentiel de passer un linge humide sur leur peau pour éviter la déshydratation. Quelqu'un doit prévenir les autorités qui jugeront de la conduite à tenir : transport, remise à l'eau, en mer ou en bassin ; destruction, si l'animal est mort.
Il faut à tout prix éviter de déplacer un animal – surtout en le tirant par les nageoires –, de séparer un petit de sa mère, de boucher l'évent ou d'y verser de l'eau (risque de noyade).

On peut connaître l'âge d'un cachalot à partir de l'une de ses dents. Il suffit d'en effectuer une coupe transversale et, comme pour les arbres, de compter le nombre d'anneaux de croissance. Chacun correspond en effet à la sécrétion annuelle d'une couche d'ivoire.

Sous les tropiques, des échouages collectifs se produisent souvent aux mêmes périodes de l'année, lorsque certaines algues rouges toxiques prolifèrent. Les cétacés s'empoisonneraient, soit au contact direct des algues, soit en consommant des poissons intoxiqués.

La célèbre fresque des dauphins bleus et blancs, dans le palais entièrement restauré du roi Minos, en Crète.

Une longue histoire d'amour et de sang

L'homme n'a cessé d'entretenir de bien étranges rapports avec les cétacés. Bien qu'il les ait chassés pour s'en nourrir durant des siècles, il les a en même temps vénérés, au point de les considérer comme des créatures sacrées, messagères des dieux ou réincarnations d'ancêtres disparus.

Les cétacés dans le monde antique

Il faut remonter 1 500 ans avant notre ère pour trouver les premières représentations de dauphins dans l'art des civilisations méditerranéennes, en Grèce, en Crète et en Italie. Le dauphin était vénéré car, pensait-on, il abritait l'âme des disparus et protégeait les voyageurs. Le tuer était considéré comme sacrilège par certains, tandis que d'autres mangeaient sa chair sans remords. Au IVe siècle avant notre ère, Aristote le différencia formellement des poissons et le décrivit comme un mammifère. De nombreuses légendes transmises par les historiens et les poètes antiques évoquent des dauphins sauveurs d'enfants ou de naufragés.

Les mésaventures de Jonas

Dans la Bible, le personnage de Jonas est en conflit avec Dieu. Pour le mettre à l'épreuve, ce dernier provoque le naufrage du navire sur lequel il s'est embarqué. Avalé par une "baleine", ou du moins un "gros poisson", Jonas passe trois jours de méditation forcée dans l'estomac du monstre avant d'être recraché près d'un rivage. La baleine est ici l'instrument de la volonté divine. Certains auteurs interprètent différemment le texte biblique. Ainsi, au XVIe siècle, le naturaliste Guillaume Rondelet voit dans le monstre un grand requin blanc : « Ce poisson est goulu, il dévore les hommes entiers, comme on le sait par expérience : car à Nice et Marseille, on a autrefois pris des lamies *(requins blancs, NDA)* dans l'estomac desquelles on a trouvé un homme entier avec son armure... ». Au XVIIe siècle, le théologien Samuel Bochart voit plutôt dans ce "gros poisson" un crocodile ou un serpent de mer, c'est dire à quel point les opinions diffèrent.

Cette gravure du XIXe siècle montre des baleiniers aux prises avec un cachalot, alors considéré comme une véritable terreur des mers.

Au Japon, c'est la baleine qui joue le rôle du lièvre de la célèbre fable de La Fontaine Le lièvre et la tortue. *Certaine d'être l'animal le plus rapide des océans, elle défie une minuscule limace. Après avoir bien pris son temps, la baleine cherche la limace et, horrifiée, la voit franchir la ligne d'arrivée.*

Au Moyen Âge, saint Brendan quitte l'Irlande en quête du Paradis perdu. Avec ses compagnons, il débarque sur une île déserte et dit une messe. On allume un feu, lorsque soudain, l'île se cabre. Il s'agit en fait d'une baleine ! Dieu la transforme aussitôt en terre ferme, connue depuis sous le nom d'île Saint-Brendan.

Moby Dick, la baleine blanche

Le très beau roman d'Herman Melville, auteur américain du XIXe siècle, est considéré par certains comme un pur chef-d'œuvre de la littérature d'aventures, et par d'autres comme un livre chargé de symboles. L'histoire est celle d'Ismaël, un jeune homme qui, pour voir le "monstre", un cachalot légendaire dont parlent les baleiniers, s'embarque à bord du *Peqod*; ce navire est commandé par le fameux capitaine Achab, dont une jambe a été arrachée par la baleine blanche lors d'un précédent voyage. Ivre de vengeance, ce dernier perd la vie, entraîné vers le fond par une ligne de harpon fichée dans le cachalot agonisant. *Moby Dick* est un magnifique témoignage de la vie des baleiniers.

Cette image extraite du film Sauvez Willy ! *nous montre l'orque, héroïne du film, au moment précis où elle s'apprête à franchir la jetée d'un bond, pour échapper à ses poursuivants.*

Flipper et Willy, stars de l'écran

Vedette de la célèbre série télévisée des années 1960 qui porte son nom, le dauphin Flipper a largement contribué à l'affection que nous manifestons aujourd'hui envers ses semblables. Différents dauphins interprétèrent le rôle puisque le feuilleton fut tourné sur plusieurs années. Le dernier "acteur" est une femelle morte en 1997 à l'âge de 40 ans.

L'orque Keiko, plus connue au cinéma sous le nom de Willy, a également aidé à donner une image positive de ses congénères. La "baleine tueuse", comme l'appellent les Anglo-Saxons, décrite par certains comme un monstre sanguinaire, est en réalité un animal doux, capable d'un véritable attachement envers ceux qui la côtoient. Remise en liberté sur le lieu de sa capture, après des années de négociation avec ses propriétaires, Keiko s'est éteinte en 2003 en Norvège *(voir p. 50)*.

Tous les grands dauphins qui ont interprété le rôle de Flipper se sont prêtés aux facéties de leurs entraîneurs.

Dans le ciel boréal, un groupe de 18 étoiles porte le nom de constellation du Dauphin. La mythologie dit que Poséidon les aurait placées là pour récompenser deux de ses fidèles sujets, des dauphins qui avaient favorisé son mariage avec la belle Amphitrite, fille de l'Océan et de Doris.

On dit que le dieu grec Dionysos, ayant pris forme humaine, s'embarqua pour les Cyclades. Les marins décidèrent de le vendre comme esclave. Il changea leurs rames en serpents et fit pousser une vigne qui envahit le bateau. Terrorisés, les marins se jetèrent à la mer où Dionysos les changea en dauphins.

L'homme, un prédateur redoutable

Dès la fin du XIXe siècle, du fait de l'intensification de la chasse, plus aucune espèce de cétacé n'échappe à l'homme. Devant le risque d'extinction, des mesures sont prises pour limiter les massacres. Mais d'autres menaces troublent la vie des baleines et accélèrent leur disparition.

Jusqu'en 1986, date de l'interdiction de la chasse, l'usine baleinière de Lajes do Pico, aux Açores, a transformé les cachalots en huile et en farine animale.

Inventé par le Norvégien Sven Foyn en 1867, le canon lance-harpon à tête explosive a accéléré le massacre des baleines.

Chasse et braconnage

L'homme chasse la baleine depuis 3500 ans, et il a bien failli l'exterminer au cours de l'ère industrielle. Au seul XXe siècle, 1 400 000 baleines ont été tuées. En 1946, la Commission Baleinière Internationale (CBI) est chargée de réguler la chasse en sélectionnant et en limitant les captures. Depuis les interdictions de 1986, certaines populations de baleines se reconstituent lentement. Pourtant, des pays comme le Japon et la Norvège pratiquent toujours la chasse commerciale, sous couvert de chasse scientifique, et surtout, incitent d'autres pays à reprendre le massacre.

Partout dans le monde, les pays consommateurs de viande de cétacés corrompent les pêcheurs locaux pour qu'ils capturent des espèces protégées. Des navires pirates en effectuent le ramassage, à la limite des eaux territoriales qui leur sont interdites. Finalement, ces cargaisons sont débarquées dans les ports d'Extrême-Orient.

Au début du Moyen Âge, les Basques ont été les premiers à chasser la baleine franche, "celle qui ne coule pas". À cette époque, durant six mois, le golfe de Biscaye abritait les femelles qui venaient mettre bas. Dès le XVe siècle, les baleines ont pratiquement disparu de cette région.

Dans les mers australes, la baleine bleue a été exterminée à 99 % par la chasse. Malgré les mesures de protection en vigueur depuis 30 ans, il ne semble pas que les populations actuelles soient en augmentation.

La pêche industrielle

La pêche au thon tue des milliers de dauphins, pris au piège dans les mêmes filets que les poissons. Bien que les États-Unis aient imposé la présence d'un observateur à bord des plus gros bateaux, les massacres de dauphins continuent, y compris en Europe.

Des milliers de kilomètres de filets dérivants, surnommés les "murs de la mort", piègent les dauphins, les baleines, les requins et les tortues, qui sont ensuite rejetés à la mer. Abandonnés lorsqu'ils sont hors d'usage, ces mêmes filets tuent, et pour longtemps encore, de trop nombreux animaux.

Autre manifestation de la pêche industrielle, des milliers de chalutiers raclent inlassablement le fond des océans, détruisant toute vie fixée. Dans les eaux polaires, des navires ramassent le plancton* à la tonne, privant de nourriture les baleines survivantes.

LE SONAR MORTEL

Les États-Unis ont établi un réseau d'écoute sous-marine, dit LFAS (Low Frequency Active Sonar), *sorte de sonar géant censé localiser tout sous-marin ennemi à des milliers de kilomètres : 80 % de la surface des océans sont ainsi couverts par quatre navires émettant des sons de 240 décibels. Suite aux essais préliminaires, on a découvert des centaines de cétacés morts d'une hémorragie cérébrale consécutive à des lésions de l'oreille interne.*

Les usines rejettent dans les eaux quantité de produits polluants qui finissent toujours par se retrouver dans les océans (voir DVD, chap. 06).

La pollution

L'homme rejette des millions de tonnes de produits chimiques domestiques, agricoles et industriels dans les cours d'eau. Ces matières toxiques s'écoulent vers la mer où elles se fixent sur les êtres vivants, avec des concentrations de plus en plus élevées. Ainsi, au Canada, la pollution chimique a entraîné chez les bélougas des taux records de tumeurs et de stérilité.

Le rejet des déchets en général et des sacs plastique en particulier est mortel pour les cétacés qui les avalent en même temps que le plancton, et qui meurent d'occlusion intestinale. Au-delà de ces animaux, c'est toute la nature qui est polluée par les négligences de l'homme. Au final, la vie elle-même est menacée.

Dépecé, ce rorqual fournira une viande essentiellement destinée au marché d'Extrême-Orient.

Vers 1870, un capitaine américain du nom de Scammon découvrit que les baleines grises d'Alaska hivernaient au Mexique, dans les lagons de Basse-Californie. Il s'ensuivit un tel massacre qu'en 1880, l'espèce fut quasiment exterminée. La chasse a été ensuite abandonnée.

La pollution est beaucoup plus forte dans un espace clos. Ainsi, les cétacés de Méditerranée, de la mer Noire et de la mer Baltique présentent des concentrations toxiques plus élevées, donc des défenses immunitaires très inférieures à ceux de l'océan Atlantique.

Captivité ou liberté ?

Longtemps, les scientifiques ont mené des études sur des cétacés morts. Cette approche leur a permis de mieux connaître leur anatomie, leurs maladies. Observer un sujet vivant en captivité pose d'autres problèmes. En effet, coupés de leur communauté, les dauphins peuvent se laisser mourir d'ennui.

Les conséquences de la captivité

Capturer un dauphin pour ensuite le relâcher sur son territoire d'origine est un moindre mal. Cela facilite certaines études utiles à la survie des espèces. Emprisonner des animaux à des fins purement commerciales est plus contestable : les marinelands et autres delphinariums sont des endroits très attractifs qui permettent de voir les cétacés "en vrai" ; malheureusement, ils donnent une vision faussée de l'animal. En captivité, celui-ci se soumet à des règles qui ne sont pas les siennes et son comportement n'a plus rien de naturel. Enfermé dans un environnement de béton, privé de sa famille et de son groupe, l'animal souffre d'un véritable déracinement. Il ne faut pas oublier que, pour un dauphin capturé, plusieurs sont morts avant de parvenir dans leur bassin-prison.

À Jakarta, en Indonésie, deux dauphins de l'Irrawaddy s'apprêtent à entrer en scène.

La petting pool (piscine des caresses) est l'une des attractions favorites de certains marinelands. Les touristes paient pour entrer dans le minuscule bassin du dauphin, où ce dernier subit leurs caresses... et attrape leurs maladies. Mort, le dauphin est immédiatement remplacé par un animal "frais".

La libération de l'orque Keiko (Willy à l'écran) sur le lieu de sa capture en Islande devait être un succès. Trop longtemps prisonnière, dépendante de ses geôliers, l'orque s'est finalement révélée incapable de retrouver son autonomie ; elle est morte peu après.

Vive la liberté !

Aujourd'hui, les écrans de cinéma et de télévision offrent la possibilité, grâce aux documentaires animaliers, de voir et de mieux connaître les cétacés. Par ailleurs, partout dans le monde, des hommes et des femmes deviennent guides de la mer et nous font découvrir ces animaux en liberté. Cette activité porte le nom de *whale watching* – observation des baleines – même lorsqu'il s'agit de dauphins. En quelques heures pour les plus pressés, ou en une semaine pour les passionnés, toutes sortes de programmes sont proposés aux amateurs. Aux Açores, en Patagonie *(voir DVD, chap. 08)*, en Alaska ou en Polynésie, mais aussi le long des côtes de la mer du Nord, de l'Atlantique ou de la Méditerranée *(voir p. 52-53 et 74-75)*, il est possible de goûter en direct au spectacle de la vie sauvage. Le *whale watching* remporte un succès grandissant auprès du public. Soumis à des règles strictes, il permet d'observer quelques minutes de la liberté d'un être vivant plutôt que plusieurs heures de sa captivité...

Comprendre et connaître

Grâce aux technologies modernes (observation aérienne, satellites, sonars, enregistrements sonores, etc.), les scientifiques recueillent des données sur les déplacements des baleines, leurs stratégies de reproduction, leur durée de vie. Rassemblées et analysées, ces informations se révèlent précieuses pour une meilleure connaissance des mammifères marins, et donc pour leur préservation.

N'étant plus chassées aujourd'hui, les baleines franches deviennent de plus en plus familières avec les observateurs.

Aux Açores, les dauphins communs accompagnent volontiers les bateaux. Les observateurs ont toutefois l'interdiction de harceler les animaux.

La captivité rend malades la plupart des dauphins. Dépressifs, souffrant d'une diminution de leurs défenses immunitaires, ils se voient administrer des médicaments, des antidépresseurs et des antibiotiques, qui provoquent des troubles de la digestion et du comportement.

Au Japon, le whale watching *rencontre un succès croissant. Reconvertis en guides de la mer, les anciens baleiniers au chômage entraînent les touristes à la découverte d'un monde sans massacre.*

Figures libres en surface

Le whale watching, comme il convient d'appeler l'observation des cétacés en liberté, est une activité relativement récente, qui a succédé aux massacres organisés. Pour profiter pleinement du spectacle, il faut savoir interpréter les attitudes que nous offrent les animaux à la surface de l'eau.

Remarque : *le* whale watching *est très influencé par les Anglo-Saxons, qui en sont à l'origine. C'est pourquoi les termes employés sont principalement anglais, et cela dans le monde entier.*

Le dos *(the back)*
Qu'il soit au repos ou en train de nager, un cétacé est contraint de respirer. Il montre son évent puis son dos, donnant à l'observateur, l'espace d'un instant, une indication sur son identité : taille, couleur, présence ou non d'un aileron dorsal, sa forme, etc.

Le souffle *(the blow)*
C'est souvent ce que l'on voit en premier. Plus il est haut, plus tôt on le distingue, surtout si l'arrière-plan est sombre ; sa taille, sa forme et sa fréquence d'apparition aident à reconnaître l'animal. Le souffle d'une baleine bleue atteint 9 m et peut être repéré à plusieurs kilomètres, alors que celui des petits cétacés est pratiquement invisible au-delà de 100 m.

Le saut *(breaching)*
C'est de loin l'attitude la plus spectaculaire offerte par un cétacé, surtout par une baleine de plusieurs tonnes. Beaucoup plus fréquents chez les dauphins, ces bonds sont un langage à part entière. C'est aussi, pour nous, le meilleur moyen de les identifier.

Nageoire caudale frappant la surface *(lobtailing)*
Prenant appui sur ses pectorales étendues, la baleine à bosse dresse sa caudale verticalement et frappe la surface de l'eau. Plus violent que le *flipper flapping*, ce geste peut être interprété comme un signe d'agacement envers un congénère, un prédateur ou… un observateur un peu trop insistant. Dans tous les cas, il est préférable de s'éloigner.

Nageoire pectorale frappant la surface *(flipper flapping)*
Bien que pratiqué par d'autres, ce comportement est caractéristique de la baleine à bosse. Elle roule sur le flanc, dresse une longue pectorale vers le ciel, et frappe bruyamment la surface de l'eau. C'est sans doute un moyen de communiquer avec ses semblables.

Pour pratiquer le whale watching, il est préférable de se renseigner sur le calendrier. De décembre à mars, on peut voir les baleines à bosse aux Caraïbes, au Mexique et à Hawaii. Il faut patienter jusqu'en juin pour les retrouver dans l'ouest du Canada, à Vancouver, et en Alaska.

Observer une baleine en pleine mer sans la perturber nécessite de respecter certaines règles d'approche, surtout si elle est accompagnée de son petit : il faut garder une distance minimum (100 à 200 m), et toujours rester en vue de l'animal, la position idéale étant en arrière et légèrement sur le côté.

Nageoire caudale immobile, à la verticale *(sailing)*
En exposant au vent la large voilure de sa caudale, seule partie non protégée par une épaisse couche de lard, la baleine prend tout simplement le frais. En retournant vers le cœur, le sang ainsi refroidi abaisse la température du corps *(voir DVD, chap. 03)*.

Le marsouinage *(porpoising)*
Alternant nage en immersion et apparitions au-dessus de la surface de l'eau, les dauphins peuvent parcourir de longues distances. Moins freinés dans l'air que dans l'eau, ils augmentent ainsi leur vitesse. Selon l'espèce ou l'humeur du moment, le corps est plus ou moins visible pour l'observateur.

L'espionnage *(spy hopping)*
Inquiet, l'animal dresse un court instant l'avant du corps au-dessus de l'eau pour observer les alentours. Ce comportement est plutôt celui des cétacés d'une certaine taille, les petits dauphins se contentant de "jeter un coup d'œil" à chaque saut.

La nageoire caudale *(the fluke)*
Lorsqu'ils sondent*, certains cétacés – baleine franche, baleine grise, baleine bleue, cachalot – arquent la caudale au-dessus de la surface, tandis que d'autres – petit rorqual, rorqual boréal, marsouins – ne la montrent pratiquement jamais. C'est grâce à la forme et aux couleurs de sa caudale (par identification photo) que l'on peut recenser les populations de la baleine à bosse.

Le marsouinage à l'étrave *(bow riding)*
Les dauphins nagent à l'avant du bateau en marche, modeste barque à moteur ou pétrolier géant, en bondissant de temps à autre. Profitant de la poussée de l'étrave, ils économisent une grande partie de leur énergie.

Les îles des Açores sont devenues, en 15 ans, incontournables pour observer les cétacés. Vingt-deux espèces, soit un record absolu, sont localisées depuis les vigies, tours de guet utilisées par les anciens baleiniers. La position des animaux est ensuite transmise par radio aux bateaux d'observation.

Dans son sac, le whale watcher ne doit pas oublier d'emporter des vêtements imperméables, des chaussures antidérapantes, un chapeau, des lunettes et de la crème solaire, des jumelles, un bloc-note, un crayon, un appareil photo, de l'eau, et accessoirement... des comprimés contre le mal de mer !

Le grand dauphin

Rendu célèbre par la série télévisée "Flipper", le grand dauphin est le plus populaire de tous les cétacés. Exploité par les zoos marins du monde entier, enrôlé dans la marine de guerre de plusieurs nations, il est devenu l'un des grands symboles de l'écologie et de la fragilité de notre planète.

Son aspect

Mesurant entre 2 et 4 m, le grand dauphin, que l'on appelle couramment "tursiops", atteint 600 kg. Il peut présenter quelques différences de forme d'une population à l'autre. Ainsi, le "bec" des individus de l'Atlantique Nord est plus court et moins effilé que celui de leurs congénères du Pacifique Sud. De même, la couleur de la peau varie du gris clair, parfois rosé, au gris foncé. On compte par ailleurs entre 36 et 54 dents coniques sur chaque mâchoire.

Sa sociabilité, ses qualités d'adaptation et son côté démonstratif font du grand dauphin l'espèce la plus recherchée pour la captivité.

Son mode de vie

Au large ou à proximité des côtes, sa présence est toujours liée à celle de la nourriture. Cependant, l'espèce montre une préférence pour la proximité du rivage où elle ira s'abriter par gros temps, ou sous la menace d'un prédateur. Le grand dauphin s'adapte plus facilement aux contraintes que beaucoup d'autres odontocètes, et il n'hésite pas à quitter une région s'il y trouve son intérêt.

Son alimentation

Capable de suivre une espèce de poisson dans sa migration, il peut également y renoncer et adopter provisoirement un autre régime, en se rabattant par exemple sur le calmar. Selon les conditions locales, il ajuste sa stratégie de chasse : aux Bahamas, il fouille le sable du bec pour dénicher les poissons rasoirs ; dans les marais de Caroline du Sud, il repousse les sardines sur les rives boueuses, allant jusqu'à s'échouer pour les capturer ; en Mauritanie, il rabat les poissons vers les filets des pêcheurs. Il sait aussi chaparder des proies capturées par les chalutiers ou pire, à l'extrémité des lignes ! Un culot qui lui vaut quelques sérieux coups de perche...

Les premiers fossiles de grands dauphins datent de cinq millions d'années. On en trouve un peu partout dans le monde, ce qui expliquerait en partie que l'espèce ait, aujourd'hui, un territoire aussi étendu.

Aux îles Galápagos, les grands dauphins regroupent les sardines comme les chiens de berger leur troupeau. Une fois les poissons réunis en boule, ils les assomment à coups de nageoire caudale pour mieux s'en emparer.

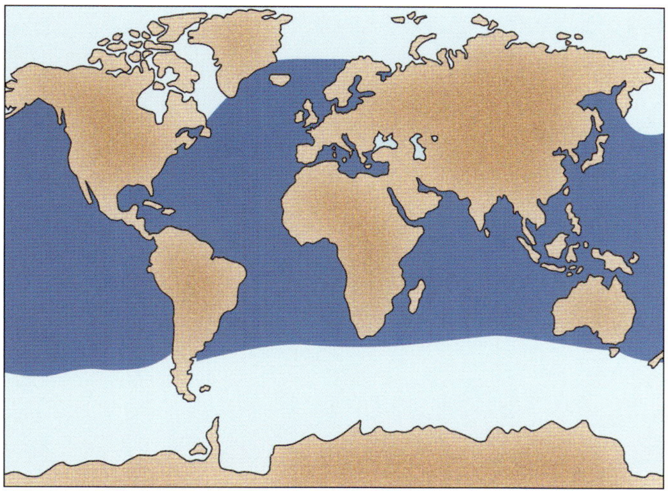

Zone de répartition du grand dauphin

Sa famille, ses amours

Très social, le grand dauphin vit en communautés de 5 à 20 individus, rarement plus, sauf lors des grands rassemblements. Solidaire, il assiste un compagnon blessé, aide une femelle à mettre bas, fait bloc contre un agresseur. Apte à se reproduire vers l'âge de 10 ans, la femelle donne naissance à un delphineau de 1 m. Elle l'allaite pendant plus d'un an, tout en l'initiant à l'art de la chasse et au goût du poisson dès l'âge de six mois. Le grand dauphin vit entre 30 et 40 ans.

Comment le reconnaître

Le dos sombre et le ventre blanc ne présentent pas de dessin caractéristique. C'est avant tout son "nez en bouteille" qui le différencie des autres espèces.

Sauf s'il s'agit d'un "ambassadeur" solitaire, il vit presque toujours en groupe. Certains adultes s'approchent volontiers des embarcations, créant ainsi une diversion qui permet aux femelles et aux petits de s'éloigner. Le grand dauphin se laisse volontiers pousser devant l'étrave des bateaux et effectue parfois des bonds de 3 ou 4 m de hauteur.

Certains grands dauphins sont retenus captifs non pas en bassin, mais dans une crique naturelle fermée par un filet, comme ici en Floride.

Les grands dauphins vivant en eau froide au sud de l'Australie sont plus gros – et donc plus résistants au froid – que ceux du nord, qui vivent en eau tropicale. En revanche, ces derniers, plus actifs, ont des nageoires plus larges, afin de mieux évacuer l'excès de chaleur.

Dès la naissance de son petit, la mère émet un sifflement répété pour qu'il apprenne à la reconnaître, même parmi d'autres femelles. À son tour, le jeune dauphin perfectionne son sifflement, qui deviendra sa véritable "signature acoustique".

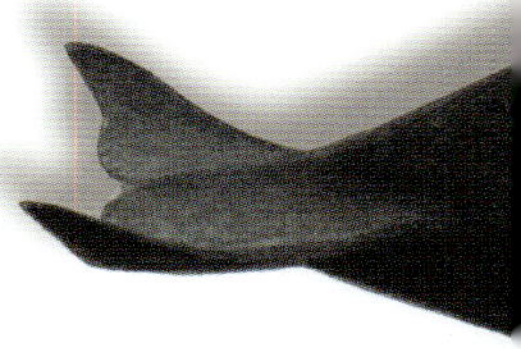

Dauphins, marsouins et baleines à bec

Avec 40 espèces sur 70, dauphins et marsouins sont les plus nombreux des odontocètes. Discrètes au point d'être pratiquement inconnues du grand public, les baleines à bec comptent pourtant une vingtaine d'espèces. Pour capturer leurs proies, tous ont adopté le même "outil" : la dent.

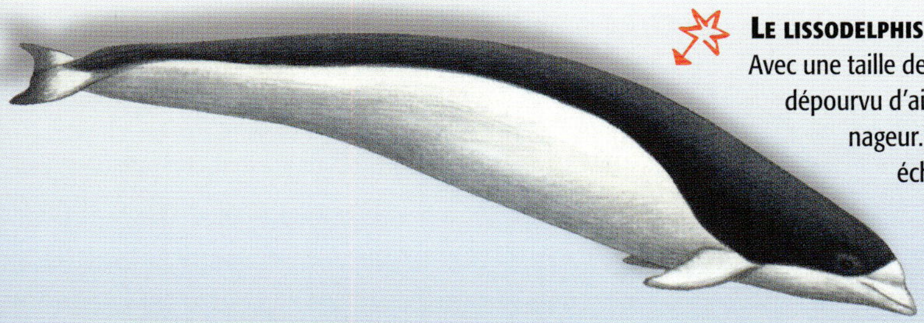

Le lissodelphis austral
Avec une taille de 2 m à 2,50 m et un poids de 100 kg, c'est l'un des rares dauphins dépourvu d'aileron dorsal. Sa silhouette élancée est caractéristique d'un excellent nageur. Bien qu'on ait trouvé des restes de calmars dans l'estomac d'un individu échoué, ses nombreuses petites dents effilées (entre 86 et 98 sur chaque mâchoire) montrent son penchant pour le poisson. Son territoire se limite à l'hémisphère Sud, sans toutefois atteindre les eaux glacées de l'Antarctique.

Le marsouin de Dall
Contrairement aux dents des dauphins, qui sont coniques, celles de ce marsouin sont plates et tranchantes. Robuste, rapide et endurant, il mesure environ 2 m et pèse 200 kg. Son territoire se limite au Pacifique Nord, du Japon au Canada. Capable de suivre ses proies sur de longues distances, il peut se retrouver piégé dans les filets des pêcheurs japonais qui, bien qu'il soit protégé, le commercialisent frauduleusement. Discret, il ne bondit pratiquement jamais au-dessus de la surface de l'eau.

L'hyperoodon arctique
Cette baleine à bec au front bulbeux mesure jusqu'à 10 m, pour un poids de 4 t. Son territoire s'étend des glaces de l'Arctique, qu'elle fréquente en été, jusqu'aux eaux tempérées, qu'elle rejoint en hiver pour se reproduire. L'hyperoodon ne possède qu'une ou deux paires de dents sur la mâchoire inférieure. Consommateur de calmars, c'est un plongeur remarquable, capable d'atteindre 1 000 m de profondeur et de rester une à deux heures en immersion. Occasionnellement, il se nourrit en raclant les fonds marins.

Au nord de l'île canadienne de Vancouver, où le saumon est abondant, l'orque, le dauphin à flancs blancs du Pacifique, le marsouin de Dall, mais aussi le phoque veau-marin et l'otarie de Steller partagent sans problème les mêmes eaux.

Les dauphins communs se laissent volontiers porter par la vague créée par les rorquals lorsqu'ils nagent en surface, comme ils le font à l'étrave d'un bateau.

Le globicéphale tropical

Caractérisé par son énorme melon, ce gros dauphin noir mesure jusqu'à 7 m, pour un poids de 3 à 4 t. Très social, il vit en communautés dirigées par un mâle dominant. Exclusivement consommateur de céphalopodes (calmars, poulpes, etc.), il localise ses proies au sonar et les capture jusqu'à 500 m de profondeur. Nageur plutôt lent, c'est un excellent apnéiste, capable de rester 15 min en plongée. Il se retrouve souvent victime d'échouages en masse.

Le dauphin tacheté de l'Atlantique

C'est sans doute l'un des dauphins les plus élégants. Sa taille varie de 1,60 m à 2,30 m et il pèse jusqu'à 140 kg. Chacune des mâchoires de ce consommateur de poissons est armée de 60 à 80 dents. Jeune, sa robe est presque noire. Au fil des ans, elle se couvre de taches à tel point qu'un individu âgé devient pratiquement blanc. Aux Bahamas, il chasse certains poissons dissimulés dans le sable, en les repérant grâce à son sonar à haute fréquence.

Le dauphin de Risso

Cet élégant dauphin au front bombé peut atteindre 4 m et peser 500 kg. Presque noir dans sa jeunesse, il vire progressivement au blanc, à tel point qu'aux Açores, les marins l'ont surnommé *molero*, le meunier. En grandissant, sa peau se couvre de balafres sombres – résultat probable de combats musclés entre congénères – ajoutées aux cicatrices laissées par les calmars dont il se nourrit. Dépourvu de dents sur la mâchoire supérieure, c'est pourtant un chasseur efficace, capable de plonger à plusieurs centaines de mètres de profondeur.

UN PEU DE LATIN

Une même espèce porte des noms différents selon le lieu où elle vit. En France, le "grand dauphin" s'appelle aussi "dauphin gris" ou "dauphin noir", et ailleurs Bottlenose dolphin *(dauphin à nez en bouteille). Que de confusion ! Pour simplifier, les scientifiques se sont mis d'accord pour attribuer à toutes les espèces un nom latin en deux mots. Dans le monde entier, notre dauphin devient* Tursiops truncatus *(dauphin à face coupée).*

Les baleines à bec sont, de loin, les plus mal connus des cétacés. Récemment, on en a découvert plusieurs espèces, dont deux en Amérique du Sud. C'est au Chili, sur l'étal d'un poissonnier, que la dernière en date a été repérée !

Le dauphin commun et le dauphin bleu et blanc cohabitent en Méditerranée. Parfois, certains observateurs concluent à tort qu'une des deux espèces est parvenue à remplacer l'autre. Ils oublient qu'une population de dauphins peut se déplacer provisoirement de plusieurs centaines de kilomètres.

Le cachalot

Immortalisé par Herman Melville sous les traits de Moby Dick, le cachalot est peut-être le plus célèbre des cétacés. Chassé pour son huile pendant des siècles, il était en passe de disparaître, quand, il y a vingt ans, un accord a mis fin au massacre.

Son aspect

Le mâle atteint 18 m et pèse de 40 à 50 t. La femelle mesure de 10 à 12 m et pèse de 12 à 15 t. La silhouette de l'animal évoque un tronc d'arbre. La robe varie du marron au gris. Parfois, de larges taches blanches donnent à certains cachalots des airs de "dalmatiens des mers". Énorme, la tête contient une huile très fine, le spermaceti, jadis utilisée comme lubrifiant industriel. L'étroite bouche triangulaire est bordée de blanc. La mâchoire inférieure porte jusqu'à 50 dents alors que la mâchoire supérieure en est dépourvue. Les nageoires pectorales sont petites, de même que l'aileron dorsal. En revanche, la nageoire caudale est large et puissante.

Les anciens baleiniers, pour occuper leur temps entre deux captures, gravaient des dents de cachalots. On appelait scrimshaw *l'objet ainsi obtenu.*

Son mode de vie

Le cachalot vit dans tous les océans. Deux fois par an, les mâles effectuent de longues migrations. L'été, ils chassent dans les eaux polaires, puis ils rejoignent les groupes familiaux et les jeunes mâles, restés dans les eaux tempérées. Protégée par le moratoire* de la Commission baleinière depuis 1986, l'espèce est de nouveau chassée par certains pays comme la Norvège.

En Nouvelle-Zélande, un grand cachalot mâle s'apprête à plonger pour capturer des calmars.

Le cachalot était notamment chassé pour l'ambre gris, une substance parfois contenue dans son gros intestin. Cette impureté provenant de la digestion était utilisée pour fixer les parfums de luxe et valait une fortune.

Lorsqu'ils atteignent leur maturité sexuelle, vers 25 ans, les cachalots mâles prennent la tête d'un "harem" composé de 20 à 30 femelles, dont toutes ne sont pas encore aptes à se reproduire. Les plus jeunes d'entre elles jouent le rôle des "tantes" et assistent les mères.

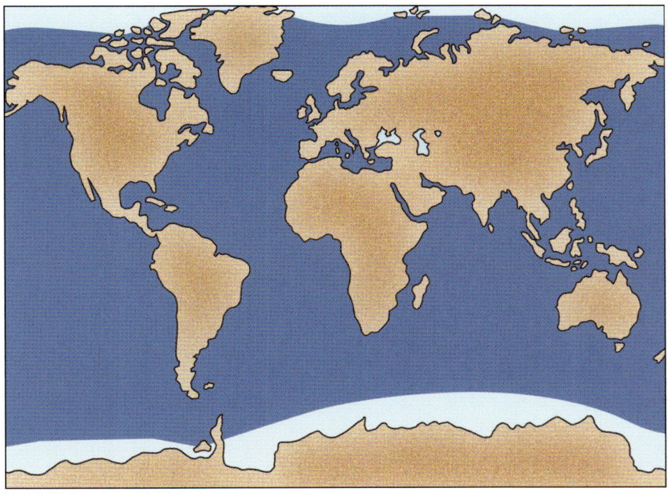

Zone de répartition du cachalot

En l'absence de la mère, partie chasser en profondeur, les femelles se regroupent autour du petit cachalot afin de le protéger.

Son alimentation

Le cachalot se nourrit principalement de calmars. Capable de plonger à plus de 1 000 m de profondeur, il repère d'abord ses proies par écholocalisation. Pour mieux descendre, il refroidit le spermaceti contenu dans son melon. Le liquide se fige, devient plus lourd et l'entraîne vers le fond. Le cétacé s'immobilise dans le noir et attend. Sentant une présence, le calmar émet une lueur à l'aide de ses organes bioluminescents*. Grâce à cette lumière, il aperçoit une forme allongée, blanchâtre, qui lui semble être un poisson. Erreur ! Il s'agit en réalité de la bouche, soulignée de blanc, de notre cachalot. Inconscient du danger, le calmar s'approche. D'un simple mouvement de la nageoire caudale, le cachalot le rejoint et l'engloutit, avant de regagner la surface qu'il crève dans un souffle explosif. Parfois, l'énorme melon porte encore un morceau de tentacule crocheté dans la peau.

Sa famille, ses amours

Les communautés de cachalots se fixent là où la nourriture abonde. Les groupes familiaux composés des mères et de leur petit, des autres femelles, ainsi que des jeunes mâles immatures, séjournent toute l'année près de ces "points de vie". Les mâles, quant à eux, ne les y rejoignent que pour s'accoupler.

La gestation* dure de quatorze à seize mois et l'allaitement, de un à deux ans. La durée de vie du cachalot peut atteindre 70 ans.

Comment le reconnaître

La longue silhouette en forme de tronc d'arbre du cachalot et son souffle puissant dirigé vers l'avant gauche ne laissent aucun doute sur son identité. Lorsqu'il plonge, sa nage s'accélère. Il arque le dos et déploie sa nageoire caudale avant de s'enfoncer dans l'eau à la verticale.

Aux Açores, au milieu du XIXe siècle, des chasseurs de cachalots furent pris dans une effroyable tempête. À terre, les femmes prièrent sainte Bernadette de Lourdes. La tempête se calma et les hommes rentrèrent sains et saufs. Depuis ce jour, la sainte est devenue patronne des baleiniers açoriens.

Dans l'estomac d'un grand cachalot mâle, on a trouvé près de 30 000 calmars de petite taille, vivant habituellement à faible profondeur. C'est la preuve que l'animal est capable d'adapter son mode d'alimentation. Néanmoins, ses menus restent composés à 80 % de calmars et de poulpes.

Le bélouga et le narval

Ces deux curieux dauphins ne partagent pas seulement les mêmes eaux inhospitalières, ils sont tous deux chassés par les Inuits. Consommée crue, leur peau, doublée d'une épaisse couche graisseuse, est considérée comme un mets de choix. La chair, elle, est destinée à nourrir les chiens.

Le bélouga, son aspect

Le mâle mesure 4 à 5 m et pèse jusqu'à 1,5 t. La femelle est plus petite (3,50 m et 1 t.). À la naissance, les petits mesurent 1,50 m. Leur peau est foncée et blanchit à l'âge adulte. Ce cétacé a la faculté d'actionner ses muscles faciaux et de "faire des grimaces". L'aileron dorsal est remplacé par une zone cornée.

Son mode de vie

À l'exception de la population du fleuve Saint-Laurent (au Canada), le bélouga vit autour du pôle Nord. Il passe l'été à se nourrir dans les fjords du Grand Nord canadien, et migre en hiver sur la côte occidentale du Groenland pour se reproduire. La population mondiale est estimée à 60 000 individus. Mis à part un petit nombre capturé par les Inuits pour la viande, la chasse en est interdite.

Le bélouga vit en communautés qui peuvent atteindre plusieurs centaines d'individus à la fin de l'été, avant la migration vers le Groenland.

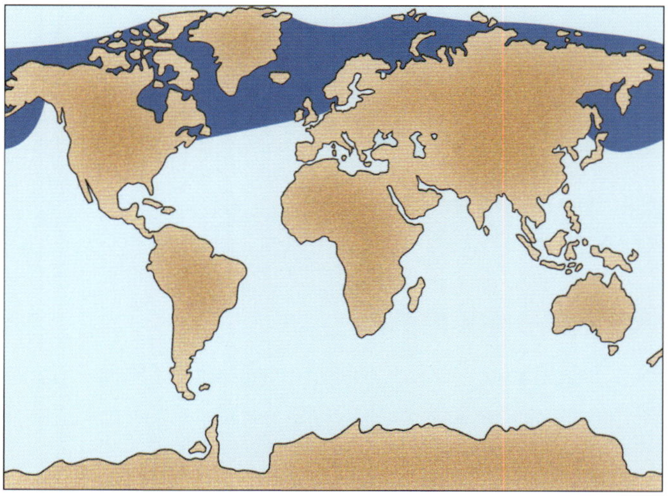

Zone de répartition du bélouga et du narval, identique pour les deux espèces

Son alimentation

Le bélouga consomme des poissons de l'Arctique (morue, flétan, etc.) autant que des crustacés ou des céphalopodes (calmars, poulpes).

Sa famille, ses amours

Ce cétacé est un animal social et très "bavard". Les groupes, de 10 à 25 individus, sont menés par une femelle adulte. Au printemps, au moment de la reproduction, les mâles adultes se joignent au troupeau. La gestation* dure 14 mois et les naissances se produisent durant la courte saison chaude, avant l'arrivée des glaces. La durée de vie du bélouga est de 40 à 50 ans.

Comment le reconnaître

Dans les eaux sombres des océans, sa silhouette blanche ne passe pas inaperçue. Discret, ce nageur plutôt lent ne saute pratiquement jamais.

Le bélouga, mammifère marin, ne doit pas être confondu avec l'esturgeon du même nom. Ce dernier est un poisson de la mer Noire et de la mer Caspienne, dont les œufs sont consommés sous le nom de caviar.

En 1966, un bélouga solitaire a remonté le Rhin, en Allemagne, sur plusieurs centaines de kilomètres. À cette occasion, on a pu observer qu'il lui arrivait de plonger durant 70 minutes.

Le narval, son aspect

Le mâle atteint 5 m de long et pèse jusqu'à 1,5 t, contre 800 kg pour la femelle. Marbrée à la naissance, la robe des petits devient gris sombre et se couvre de taches blanches à l'âge adulte. Les mâles sont célèbres pour leur dent en forme d'épée qui met une dizaine d'années à pousser.

La plupart des femelles sont dépourvues de la spectaculaire "épée" qui caractérise les mâles.

Durant le très court été boréal, il est possible d'observer de grands troupeaux de narvals en déplacement.

Son mode de vie

Limité à la zone arctique, c'est le cétacé le plus septentrional. Il vit à la limite des glaces dont il accompagne la progression. Présent durant l'été arctique dans le détroit de Lancaster, on ignore quelle est sa destination finale. Il est chassé notamment pour sa chair par les Inuits. Ceux-ci le tirent d'abord au fusil, et le ramènent ensuite sur la banquise à l'aide d'une corde munie d'un grappin.

Son alimentation

De la surface jusqu'à des fonds de plusieurs centaines de mètres, le narval se nourrit pratiquement des mêmes proies que le bélouga, avec qui il partage les mêmes territoires de chasse. Comme lui, c'est un excellent plongeur, capable de nager sous la glace sur de longues distances.

Contrairement aux apparences, ces narvals ne sont pas en train de se battre mais de pêcher.

Sa famille, ses amours

Pour survivre dans un environnement hostile, le narval a développé un mode de vie très social. La mère est étroitement liée à son petit. Les groupes, de 10 à 30 individus, sont organisés : jeunes immatures, harems, familles, etc. Le mâle est mature entre 10 et 12 ans, la femelle entre 5 et 8 ans. Leur durée de vie est de 40 à 50 ans. La population mondiale serait de 20 000 individus.

Comment le reconnaître

Mis à part les jeunes à la robe anthracite, les adultes couverts de taches ne peuvent être confondus avec aucun autre cétacé. La défense des mâles permet une identification infaillible.

Une défense de narval pèse jusqu'à 10 kg. Son utilité réelle est inconnue. Peut-être lui sert-elle à extraire les proies enfouies, à repousser un agresseur ou, tout simplement, à exprimer sa puissance virile, comme les bois chez le cerf.

Bien qu'illégal, le trafic de l'ivoire touche aussi le narval, dont la défense est convoitée par les collectionneurs peu scrupuleux. Les Inuits en abattent de plus en plus, au point que ce cétacé est en danger d'extinction, du Canada à la Russie.

L'orque

Baleine tueuse pour certains, amical "Willy" pour d'autres, l'orque ne laisse pas indifférent. Puissant et efficace, ce prédateur hors pair est aussi le plus grand des dauphins. À ce titre, il se comporte envers l'homme comme tous ses cousins, et ne l'attaque jamais gratuitement.

L'ORQUE ET LA BALEINE

En Patagonie, vers la fin novembre, dans une crique minuscule au nord de la péninsule de Valdés, trois orques attaquent une baleine franche et son petit âgé de trois mois. Coincée, la baleine n'a qu'une solution : tourner le dos aux prédateurs et les menacer de la seule arme dont elle dispose, sa puissante nageoire caudale. Durant deux heures, les orques tentent en vain de forcer le passage. Finalement, deux baleines adultes entrent à leur tour dans la crique. Les orques préfèrent quitter les lieux.

Son aspect

Les mâles atteignent 9 m et pèsent jusqu'à 9 t, contre 7 m et 4 t pour les femelles. La silhouette est massive et le "tour de taille" est presque rond. Le mâle arbore une nageoire dorsale haute et droite, qui atteint 1,80 m à 2 m au maximum. Courbe, celle de la femelle est beaucoup plus modeste. Noire sur le dessus et blanche au-dessous, la robe est très contrastée. Une tache blanche ovale se situe légèrement au-dessus et en arrière de chaque œil. Cet étonnant "faux œil" fait oublier le vrai, presque invisible dans le noir de la peau. Chaque mâchoire porte 20 à 26 dents robustes, de forme conique.

Comme tous les prédateurs, l'orque est partisane du moindre effort. S'il lui arrive de chasser collectivement une baleine bleue de cent tonnes, il s'agit sans doute d'un animal malade dont elle ne fait qu'abréger les souffrances. Un animal sain lui coûterait trop d'énergie.

De 1971 à 1981, les pêcheurs norvégiens ont tué 369 orques qu'ils considéraient comme leurs concurrentes. Protégées par le moratoire baleinier international de 1986, les orques pourraient bien être à nouveau menacées, car les pêcheurs font pression pour la reprise des captures.*

Son mode de vie

Fréquentant aussi bien les abords de la banquise que les eaux tropicales, l'orque est le plus répandu des dauphins. Opportuniste, elle n'effectue de longs déplacements que pour se nourrir.

Son alimentation

L'orque résidente, dont la population la mieux connue vit au nord de l'île de Vancouver, au Canada, est gourmande de saumon. Hélas, la surpêche régionale la rend de plus en plus rare. L'orque itinérante *(voir p. 29)* maraude en permanence et suit ses proies lorsqu'elles se déplacent, dans tous les océans.

Cette orque ne menace pas le photographe, mais tient seulement à faire une démonstration de sa puissance.

Aux îles Crozet, dans le sud de l'océan Indien, une orque se tient à l'affût, dans l'espoir qu'un manchot se mette à l'eau.

Comment la reconnaître

Sa taille imposante, le contraste entre le dos sombre et le ventre d'un blanc éclatant, le "faux œil" ovale et la haute dorsale du mâle, sont autant d'indices permettant d'identifier l'orque.

Sa famille, ses amours

L'orque vit en groupes comptant parfois une dizaine d'individus dirigés par une femelle âgée, même en présence de mâles adultes. La cohésion sociale est renforcée par un même langage, qui varie d'un groupe à l'autre, au point que des communautés éloignées sont incapables de communiquer par le son. Au moment de la reproduction, les mâles quittent momentanément la cellule familiale pour chercher ailleurs une partenaire. Cela permet de limiter les effets de la consanguinité en évitant les croisements au sein d'un même groupe. Une mère porte son petit de 16 à 17 mois et elle l'allaite pendant un an. À la naissance, il mesure 2,50 m et pèse 200 kg. Les statistiques montrent qu'il n'a que 60 % de chances de vivre au-delà de sa première année. L'espérance de vie de l'orque atteint 80 ans.

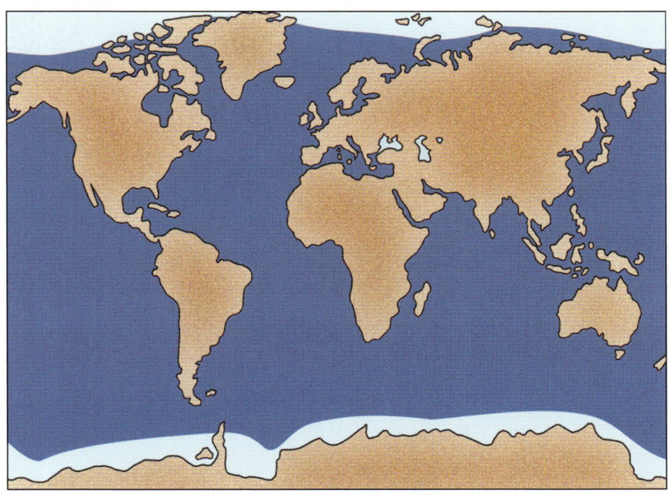

Zone de répartition de l'orque

On a longtemps cru que les orques de la zone canadienne de Vancouver, dans l'État de Washington, étaient des milliers. En 1993, grâce à la méthode d'identification par photographie (de l'aileron dorsal et de la zone postérieure), on a estimé que leur population se limitait à environ 700 individus.

En Patagonie, chaque automne, les jeunes otaries goûtent à la liberté. Les orques sont au rendez-vous. Elles jouent parfois avec la dépouille de l'une d'elles, fraîchement capturée. Il ne s'agit pas de cruauté mais d'une initiation à la chasse destinée aux jeunes.

Les dauphins de rivière

Le plataniste du Gange, les dauphins de l'Amazone, du Yang-tseu-kiang, de l'Indus et de la Plata vivent en eaux douces. Malheureusement, ils ne sont pas davantage protégés dans les eaux des rivières et leurs effectifs tendent à baisser.

Le plataniste du Gange (ou susu), son aspect

Le mâle mesure 2 m et la femelle 2,50 m pour un poids maximum de 85 kg. Le bec est long (20 % du corps), en forme de spatule. Chaque mâchoire porte 50 à 78 dents effilées, en partie visibles lorsque la bouche est fermée. L'aileron dorsal triangulaire est très aplati. La robe varie du blanc bleuté au brun chocolat, en passant par le gris sable. Les yeux minuscules perçoivent uniquement les variations de lumière.

Son mode de vie

Le plataniste du Gange vit au rythme des moussons, qui agrandissent son territoire lorsque le fleuve inonde les forêts. La construction de barrages et la pollution risquent de lui être fatales à court terme. On ne compte plus actuellement que 4 000 à 6 000 individus.

Son alimentation

Il se nourrit de poissons de fond, de mollusques et de crustacés. Son extraordinaire pouvoir d'écholocalisation (de l'ordre de 50 à plus de 300 000 Hz) compense sa quasi-cécité et l'aide à repérer ses proies dans des eaux toujours boueuses.

Sa famille, ses amours

Ce cétacé vit en groupes de moins de 10 individus, le plus souvent 3 ou 4. Il profite de la saison sèche et des basses eaux pour se rassembler et se reproduire. Le petit mesure 80 cm à la naissance. Il est sevré à 1 an. Le plataniste du Gange peut vivre jusqu'à 20 ans.

Comment le reconnaître

Aucun autre dauphin ne vit dans le cours du Gange. Dans le delta, en revanche, à l'embouchure du fleuve, on peut croiser le dauphin de l'Irrawaddy et le marsouin aptère. De taille similaire, ces dauphins océaniques n'ont pas, comme lui, de bec allongé.

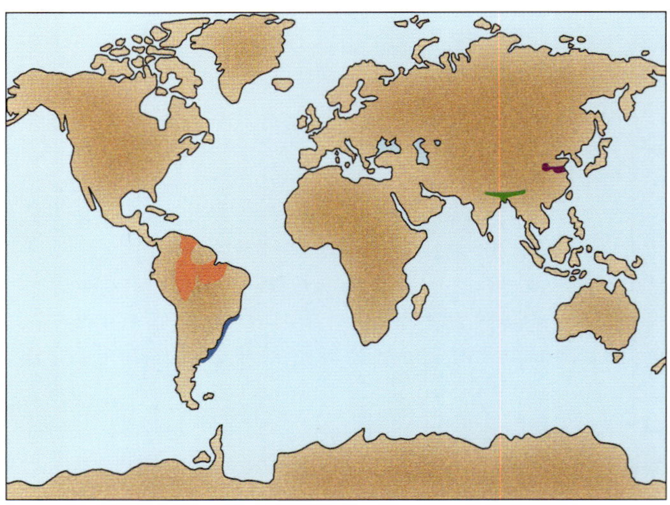

Zones de répartition des dauphins de rivière

- *Dauphin de l'Amazone*
- *Dauphin de la Plata*
- *Dauphin du Yang-tseu-kiang*
- *Dauphins du Gange et de l'Indus*

Contrairement aux dauphins océaniques dont les vertèbres sont soudées pour faciliter la nage rapide et le saut, la colonne vertébrale du plataniste du Gange est très souple. C'est plus commode dans un milieu étroit où les manœuvres sont fréquentes et la vitesse moins utile.

Construit en 1975, le barrage géant de Farraka a coupé la population de platanistes en deux. À terme, les nouveaux groupes devraient donner naissance à des espèces distinctes.

Le dauphin de l'Amazone (ou boto), son aspect

Le mâle mesure 2,60 m et pèse 160 kg, contre 2 m et 100 kg pour la femelle. Long et effilé, le nez est garni de quelques poils qui contribuent à la recherche de nourriture *(voir p. 26)*. Les mâchoires portent des dents coniques à l'avant et en forme de molaires à l'arrière. L'aileron dorsal a un aspect similaire à celui de son cousin du Gange. La robe est un mélange de gris et de rose.

C'est en période de basses eaux que les dauphins de l'Amazone se regroupent pour se reproduire.

Son mode de vie

À la saison des pluies, période de pleines eaux, il vit dans les cours principaux et les affluents, se laissant parfois enfermer dans des réservoirs naturels lorsque le niveau des eaux baisse. Son territoire est aussi vaste que le bassin amazonien et touche cinq pays.

Son alimentation

Le dauphin de l'Amazone consomme pratiquement toute forme de nourriture vivante – poissons, crabes, coquillages et tortues de petite taille –, d'où la présence de molaires dans sa dentition, absentes chez un dauphin océanique. Il peut passer la saison sèche dans un plan d'eau fermé, à condition que la nourriture y soit suffisante. En Colombie, on l'a vu chasser en compagnie de loutres géantes.

Sa famille, ses amours

Ce cétacé vit seul ou en groupes de 2 individus durant la saison pluvieuse, et en groupes de 12-15 en période de basses eaux. La gestation* dure 10 à 11 mois. À la naissance, le petit mesure 80 cm et pèse 7 à 8 kg. Il est allaité pendant un an. Le dauphin de l'Amazone peut vivre 30 ans.

Comment le reconnaître

C'est la seule espèce de cétacé qui vive dans les cours moyen et supérieur de l'Amazone. Il ne peut être confondu avec un autre dauphin que dans la région du delta, où vit aussi le tucuxi, plus petit et plus actif que lui, et qui possède une plus grande nageoire dorsale.

Le dauphin de l'Amazone marsouine volontiers, ce qui lui permet de surveiller son environnement.

Très prisé des zoos marins, le boto fait l'objet de captures régulières pour compenser les pertes en captivité. Il est parfois chassé pour sa chair et pour son huile, bien qu'une superstition locale prétende que "devient aveugle celui qui utilise l'huile de boto pour s'éclairer".

Les botos collaborent parfois avec les pêcheurs. Sur un appel de ces derniers, les dauphins repoussent les poissons vers les filets tendus près des berges. Les pêcheurs les autorisent ensuite à prélever leur "salaire" en poissons avant de remonter les filets.

La baleine franche

Les scientifiques ont récemment découvert, en étudiant l'ADN des baleines franches du Nord et de celles du Sud, que ces dernières constituent deux espèces distinctes, mais en tous points semblables par leur aspect et leur mode de vie.

Son aspect

Massive, avec des formes arrondies, la "franche" est le type même de la baleine telle qu'on l'imagine. Adulte, elle mesure entre 15 et 17 m et pèse entre 40 et 80 t. La femelle est légèrement plus grande que le mâle.

Son énorme tête est couverte de callosités qui servent de refuge à de nombreux crustacés, tels les poux des baleines et les balanes. Ces excroissances couvrent le dessus de la mâchoire supérieure (le bonnet), l'avant de la mâchoire inférieure et le dessus des yeux *(voir DVD, chap. 03)*. La bouche renferme entre 400 et 500 fanons qui peuvent mesurer 2,20 m. L'aileron dorsal est absent. La nageoire caudale est large et puissante.

De formes différentes pour chaque individu, les callosités ont une consistance molle et abritent des centaines de parasites (voir DVD, chap. 03).

Son mode de vie

Les effectifs de la baleine franche fondent d'année en année, surtout dans l'Atlantique Nord-Est (300 individus) et dans le Pacifique Nord (200 au maximum). Seule la population de l'hémisphère Sud s'accroît, de 5 à 7 % par an, et compterait 4 000 individus. Ces animaux passent l'été dans les eaux froides pour s'alimenter, et l'hiver dans les régions tempérées pour se reproduire. Chaque trajet représente environ 5 000 km.

Lorsqu'elle s'alimente dans les eaux froides de l'Arctique ou de l'Antarctique, la "franche" engloutit quotidiennement 1 à 2 tonnes de krill. Parfois, plusieurs baleines s'associent pour écrémer un secteur particulièrement riche. Elles nagent alors soit en ligne frontale, soit en V.

Le lien étroit qui unit la mère à son petit était bien connu des baleiniers. Ces derniers pourchassaient le petit, que sa faible autonomie respiratoire empêchait de plonger très longtemps. Harponné, le baleineau émettait des signes de détresse et la mère se précipitait... pour être harponnée à son tour.

Au large de Cabo Blanco, en Patagonie, ce baleineau de quatre mois ne manifeste aucune frayeur à l'approche d'un plongeur.

Son alimentation

La bouche grande ouverte, la baleine franche "écrème" la nourriture, en surface ou en pleine eau, voire près du fond. Ses proies favorites sont les minuscules crustacés du plancton* *(voir p. 30-31 et DVD, chap. 10)*. Contrairement à la baleine à bosse qui ne se nourrit jamais là où elle se reproduit, les "franches" du Sud s'alimentent occasionnellement dans les baies peu profondes de Patagonie, d'Afrique du Sud, d'Australie méridionale et de Nouvelle-Zélande où ont lieu les naissances. En été, il semble qu'elles ne s'approchent pas aussi près des glaces que les autres baleines.

Comment la reconnaître

Sa silhouette ronde, sa robe sombre, sa tête couverte de protubérances en chou-fleur et l'absence d'aileron dorsal distinguent la baleine franche de toutes les autres espèces. Sa lenteur est trompeuse car elle est capable d'effectuer des dizaines de sauts d'affilée. Elle sort entièrement la nageoire caudale de l'eau avant de plonger.

Sa famille, ses amours

La relation la plus forte est celle qui unit la mère à son petit. Elle peut durer 2 ou 3 ans, le temps de plusieurs allers et retours entre le lieu de naissance et la zone de chasse. Si l'on assiste parfois à des rivalités entre mâles avant l'accouplement, l'élu ne protège pas la femelle une fois qu'il l'a fécondée*. Il la laisse à d'autres mâles qui viennent s'accoupler à leur tour. La gestation* dure de 9 à 10 mois, et l'allaitement dure un an, période durant laquelle le baleineau apprend progressivement à se nourrir seul.

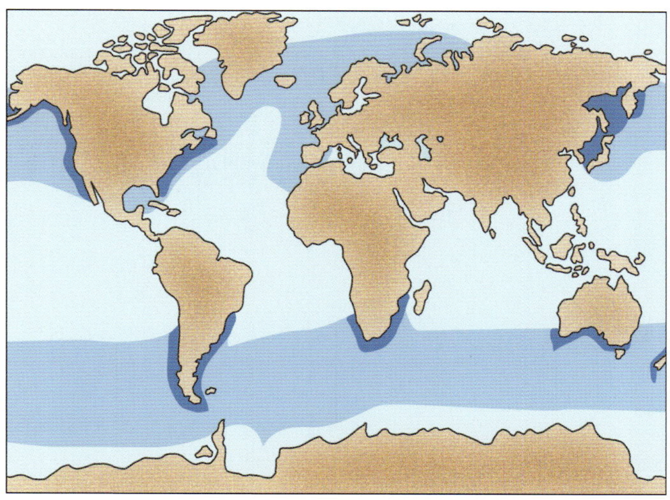

Zones de répartition de la baleine franche

Présence connue — *Présence supposée*

Presque blanche, la robe de ce baleineau s'assombrira peu à peu avec l'âge (voir DVD, chap. 04).

En Patagonie, les baleines sont parfois harcelées par les mouettes qui, sous prétexte de les déparasiter, creusent à grands coups de bec dans le lard, jusqu'à atteindre la chair. Au moment de partir vers le Sud, certains baleineaux sont couverts de blessures profondes (voir DVD, chap. 04).

Au cours du seul XIXe siècle, plus de 100 000 "franches" ont été massacrées. Entièrement protégées depuis 1935, ces baleines ne parviennent pourtant pas à reprendre un rythme de croissance dans tous leurs territoires. La population de l'hémisphère Nord est vouée à disparaître à moyen terme.

Dans l'eau tiède des lagons, le petit et sa mère se préparent à entreprendre le grand voyage de retour vers l'Alaska.

La baleine grise

Cette étrange baleine à l'apparence primitive a bien failli disparaître au siècle dernier, lorsque les chasseurs ont découvert sa résidence d'hiver, dans les lagons du Mexique. C'est aujourd'hui la mieux protégée de toutes, et elle n'est plus en danger immédiat.

Son aspect

Avec 11 à 15 m de longueur et un poids de 20 à 40 t, la baleine grise présente une silhouette moyennement allongée, intermédiaire entre la baleine franche bien dodue et les rorquals élancés. La robe est de couleur grise, parsemée de taches blanchâtres – des excroissances parasites – qui s'étalent avec l'âge. À la place de l'aileron dorsal, on trouve une rangée de protubérances en dents de scie. Fortement arquée, la tête est assez massive et la mâchoire supérieure est garnie de 140 à 180 fanons de couleur ivoire.

Son mode de vie

La baleine grise passe l'été dans les eaux froides et riches du nord de l'Alaska pour “faire du lard”. Lorsque la mer gèle, elle entreprend un périple de 9 600 km qui l'amène jusqu'au Mexique, en suivant les côtes de l'Alaska, du Canada, de l'Oregon et de la Californie (États-Unis). Là, dans l'eau accueillante des lagons de Basse-Californie, les mères mettent bas. L'espèce y passe l'hiver, pratiquement sans se nourrir, puis remet le cap au nord au printemps suivant pour un nouveau cycle *(voir carte p. 35)*.

Durant des millénaires, les baleines grises du nord-ouest du Pacifique ont migré pour aller passer l'hiver en mer du Japon. Elles y ont été systématiquement massacrées au cours des XIXe et XXe siècles. Depuis 1946, date du moratoire de la Commission baleinière, on considère cette population comme éteinte.*

Toutes les baleines grises ne font pas chaque année le grand voyage du Mexique jusqu'en Alaska. Quelques dizaines s'arrêtent en Oregon ou sur la côte ouest de l'île de Vancouver. Elles y attendent, jusqu'en décembre, le passage des “nordistes” qui vont rejoindre les côtes mexicaines.

Son alimentation

Les menus de la baleine grise sont composés à 90 % de crustacés planctoniques. Elle se nourrit tantôt en pleine eau, tantôt en raclant les fonds marins dont elle extrait des crustacés, des vers et des mollusques. Cette caractéristique lui a d'ailleurs valu d'être surnommée la "déterreuse de moules" par les anciens baleiniers. L'absence de parasites sur le côté droit de la bouche a permis de comprendre qu'elle se nourrit en se penchant de préférence de ce côté. On l'a également observée à l'embouchure des lagons, immobile, bouche grande ouverte, laissant le courant pousser vers ses fanons le plancton* en suspension.

Au large des côtes américaines, ce groupe de baleines grises est en route vers le nord.

Sa famille, ses amours

Moins sociale que les autres baleines, la baleine grise vit en groupes de 2 ou 3 individus. En Alaska, en revanche, quand la nourriture abonde, des groupes de plusieurs dizaines d'individus peuvent se former pour "labourer" les fonds marins. Chaque hiver, les mères donnent le jour à leur petit dans les bras de mer qui pénètrent profondément à l'intérieur du désert de Basse-Californie. Elles restent ainsi à l'abri des prédateurs. Le nouveau-né mesure 5 m de long et pèse plus d'une tonne. La mère l'allaite pendant un an. À l'âge de 6 mois, le petit a doublé son poids de naissance. La longévité de l'espèce est de 60 ans.

Comment la reconnaître

De décembre à avril, la baleine grise occupe des lagons vastes et peu profonds tels ceux de Scammon, San Ignacio et Bahia Magdalena. On l'identifie facilement à sa tête arquée, sa robe grise couverte de taches blanchâtres et sa large nageoire caudale qu'elle dresse au-dessus de l'eau en plongeant.

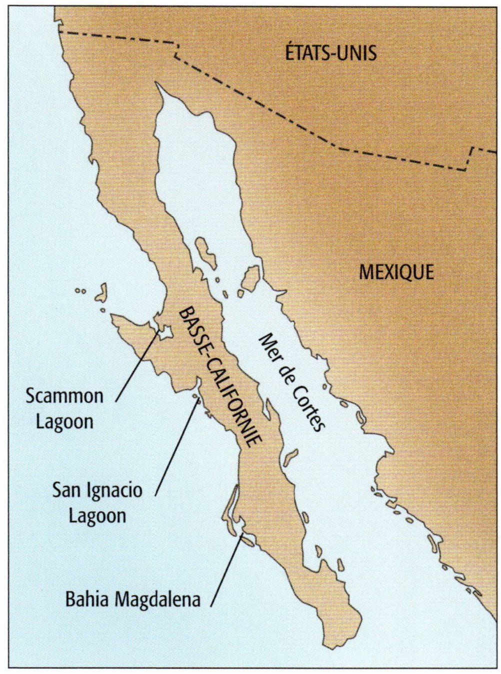

Principales lagunes de Basse-Californie fréquentées par la baleine grise

La période de reproduction est prétexte à des manifestations spectaculaires de la part des baleines grises.

La baleine grise est une bavarde. De nombreuses vocalises ont été enregistrées : grognements, cliquetis, sifflements, grincements, mugissements. Cet authentique langage n'a pas encore été décodé à ce jour.

Contrairement à d'autres espèces qui s'accouplent et donnent naissance à leur petit au même endroit, les baleines grises se reproduisent pendant leur migration du nord au sud. Les lagons tranquilles de Basse-Californie abritent donc essentiellement des mères et leur petit.

La baleine à bosse

Le nom de cette baleine est trompeur, car elle n'est bossue que lorsqu'elle arque le dos au moment de plonger. Elle mérite plus son surnom de "mégaptère" ("grandes ailes", en latin), dû à ses longues nageoires pectorales.

Son aspect

Le mâle mesure 14 à 17 m et pèse 40 à 50 t. La femelle est légèrement plus grosse. La gorge est parcourue de sillons qui s'allongent jusqu'à mi-corps. Ces plis permettent à la peau de se distendre lorsque la baleine engouffre la nourriture, jusqu'à former une énorme poche. Le dessus de la tête est couvert de protubérances, bien visibles quand l'animal nage en surface. Discret et aplati, l'aileron dorsal est triangulaire. La couleur du dos varie du gris clair au noir intense. Le ventre est plus sombre chez les populations de l'hémisphère Nord que chez celles de l'hémisphère Sud. Le dessous de la nageoire caudale présente des motifs différents d'un individu à l'autre, ce qui permet de les identifier et de cataloguer les populations au moyen de la photographie.

Son mode de vie

Comme ses cousines – la baleine franche et la baleine grise –, la baleine à bosse migre des eaux froides de l'Arctique et de l'Antarctique, où elle se nourrit durant l'été, vers les eaux tropicales où elle se reproduit en hiver.

Son alimentation

La baleine à bosse a une préférence pour le krill, qu'elle engouffre par tonnes dans les riches eaux polaires, mais elle consomme aussi toutes sortes de poissons. En surface, elle participe à des festins sonores. Les poissons qui en font le plus souvent les frais sont le capelan près des rivages de Terre-Neuve, et le hareng en Alaska.

Le baleineau nage souvent près du dos de sa mère ou légèrement sur le côté, pour profiter d'un phénomène d'aspiration connu sous le nom d'"effet Bernouilli", qui lui fait économiser 30 % d'effort musculaire. En quelque sorte, sa mère lui "ouvre" la route.

La baleine à bosse est la plus bruyante de toutes les baleines. À la saison des amours, les mâles chantent pour faire connaître leurs intentions. Ces mélodies, parfois entrecoupées de grincements ou de claquements brutaux, ne sont pas toujours harmonieuses. Elles visent peut-être à intimider les mâles rivaux.

Certaines baleines utilisent une méthode de chasse collective dite du “rideau de bulles”, ou *bubble net feeding (voir p. 31)*. Dix à vingt baleines plongent simultanément. Une ou deux passent sous le banc de harengs et soufflent de l’air tout en nageant en cercle. Un rideau de bulles cylindrique se forme alors et enferme les poissons. Pendant ce temps, l’une des baleines émet des sons répétés tandis que d’autres, en tournant leur ventre blanc vers le haut, renvoient la lumière en flashs qui éblouissent les harengs. Les poissons, affolés, se concentrent près de la surface. Soudain, la “chanteuse” se tait. Toutes les baleines se ruent à la verticale, bouche démesurément ouverte, et engouffrent les poissons avant de jaillir bruyamment hors de l’eau.

Un groupe de baleines à bosse pratiquant le bubble net feeding *vient de crever la surface.*

Dans l’archipel des Australes, en Polynésie, une baleine à bosse se donne en spectacle.

Sa famille, ses amours

La formation des groupes de chasse durant la période d’alimentation, en été, se fait en fonction des compétences de chaque baleine. Certains individus venus d’horizons divers se retrouvent au même endroit tous les ans pour reprendre leur place dans la formation et y tenir un rôle précis.

Le couple mère-petit dure deux ans. La période des accouplements donne lieu à des rencontres brutales entre mâles et à des démonstrations diverses (chants, sauts, etc.). Comme chez la baleine franche, le mode de reproduction est basé sur le multipartenariat, chaque femelle pouvant être fécondée* par plusieurs mâles et chaque mâle fécondant plusieurs femelles. La gestation* dure 11 à 12 mois. À la naissance, le baleineau mesure 4 à 5 m et pèse 1 à 2 t. L’espérance de vie de l’espèce est de 40 à 50 ans.

Comment la reconnaître

L’aileron discret, le dos arqué, la caudale dressée lorsqu’elle plonge, et surtout, les immenses nageoires pectorales ne laissent aucun doute sur l’identité de la belle aux “grandes ailes”.

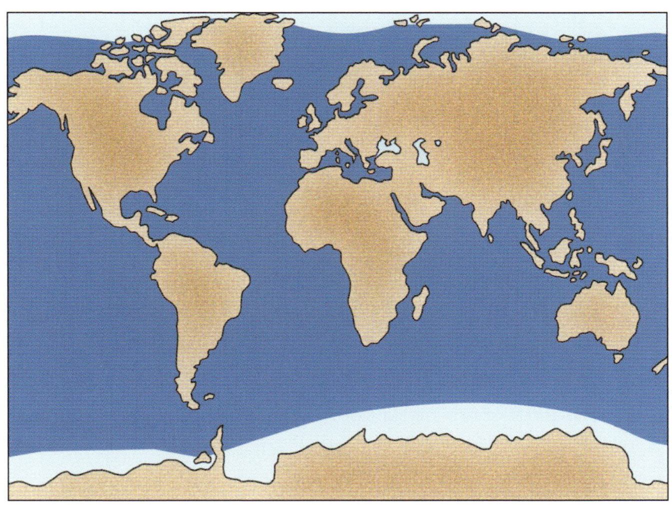

Zone de répartition de la baleine à bosse

Avec 4,50 m en moyenne, soit presque 1/3 de la longueur du corps, les nageoires pectorales de la baleine à bosse sont les plus longues. Outre leur rôle dans la nage, elles servent aussi à frapper la surface de l’eau, à étreindre un partenaire, à caresser un petit, à refléter la lumière pour effrayer une proie...

Massacrée depuis des siècles sur ses terrains de chasse et de reproduction, la baleine à bosse a atteint le seuil critique d’extinction vers 1940. Elle a été protégée dans l’Atlantique Nord en 1956, dans l’hémisphère Sud en 1963, et dans le Pacifique Nord en 1966. Dans l’Atlantique Nord, elle reste très menacée.

La baleine bleue

C'est le plus grand animal ayant jamais vécu sur Terre : un cœur gros comme une voiture, une langue qui pourrait servir de table à six personnes, un dos assez spacieux pour garer trois autobus et le poids de... trente-deux éléphants !

Son aspect

La baleine bleue (ou rorqual bleu) atteint 30 m de longueur et un poids de 130 t. La tête est plate et le double évent se prolonge d'une ligne en relief jusqu'à la pointe du museau. La gorge est striée de nombreux plis qui se déploient lorsque l'animal engouffre sa nourriture. Les nageoires pectorales sont petites et le minuscule aileron dorsal est situé très en arrière du corps. La caudale mesure plus de 5 m d'envergure. Constellée de taches claires, la robe varie du gris clair bleuté au gris foncé.

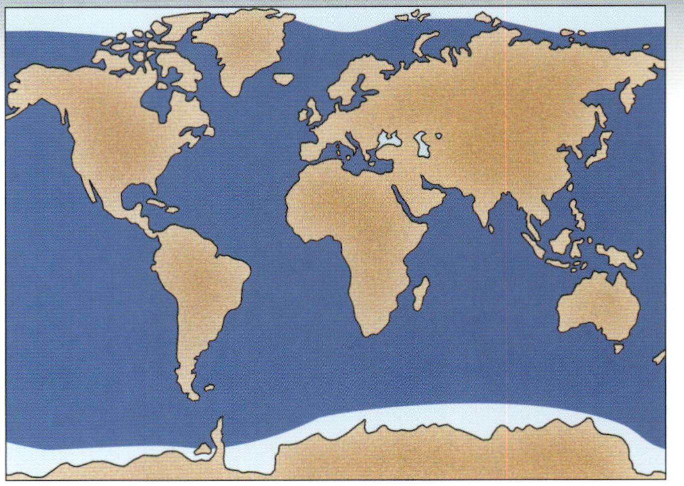

Zone de répartition de la baleine bleue

Son mode de vie

Cette espèce vit dans tous les océans, de l'équateur aux eaux polaires. Elle se nourrit dans les eaux froides et riches et se reproduit sous les tropiques. Cependant, certaines populations sont sédentaires, en particulier dans l'hémisphère Nord. Ainsi, autour du Sri Lanka et aux îles Maldives, la baleine bleue pygmée (22 m maximum) ne semble pas effectuer de longues migrations. Elle profite des courants marins qui lui fournissent en permanence une nourriture abondante.

Au repos, le cœur d'une baleine bleue bat de 5 à 10 fois par minute, contre 60 à 90 fois chez l'homme. En revanche, son sang, beaucoup plus riche en hémoglobine, et ses muscles plus riches en myoglobine*, fixent mieux l'oxygène durant les longues apnées.*

Dans les eaux de l'Antarctique, où le krill est concentré à raison de 15 kg par m³, la baleine bleue en ingurgite plus de 4 tonnes – soit 4 millions de crevettes – par jour. À la fin de la saison, soit au bout de 120 jours, elle aura avalé 480 millions de crevettes : quatre fois son poids !

Son alimentation

Contrairement aux autres rorquals, le menu de la baleine bleue se limite au krill. Pour cette raison, elle est la première, au printemps, à rejoindre les abords de la banquise fondante pour engloutir les minuscules crustacés avant l'arrivée des autres espèces. La bouche distendue et la gorge dilatée à l'extrême, elle nage en ligne droite d'un bout à l'autre du banc de krill, puis revient en arrière, comme un agriculteur laboure son champ. Contrairement à la baleine à bosse, elle ne se précipite pas goulûment sur ses proies mais elle les "moissonne" inlassablement.

PÊCHE À L'ENVERS

Au Mexique, dans une large baie, la surface de l'eau vibre de milliards de crevettes qui font penser à un essaim de guêpes. Soudain, une masse énorme crève la surface, avançant lentement mais régulièrement. Haute comme un porche d'église, elle en a le sommet pointu et les belles courbes symétriques. Il s'agit en fait d'une baleine bleue qui écrème le banc de krill en nageant à l'envers, bouche ouverte, la mâchoire inférieure dressée vers le ciel.

Sa famille, ses amours

Solitaire, elle ne forme que des groupes restreints, la plupart composés de la mère et de son petit. En cas de concentration de nourriture, on peut assister à des rassemblements temporaires. Au printemps, les femelles gravides* cherchent à emmagasiner un maximum de graisse en prévision du retour et de la période de jeûne qui suivra la mise bas. La gestation* dure environ 11 mois. À la naissance, le baleineau mesure 7 m, soit environ 1/3 de la taille de sa mère, et pèse 2,5 t. Une femelle peut avoir un petit tous les 2 ou 3 ans. L'espérance de vie de l'espèce est de 70 à 80 ans.

Avec un souffle qui peut atteindre 9 m de hauteur, la baleine bleue ne risque pas de passer inaperçue !

Comment la reconnaître

En déplacement, la baleine bleue ne sort pas la caudale et peut ainsi être confondue avec le rorqual commun. En revanche, en plongeant, elle dresse son énorme voilure vers le ciel, ce que ne fait jamais son cousin. Le petit aileron dorsal, l'aspect neigeux de la robe et le souffle sont d'autres indices d'identification. Cette baleine peu familière évite tout contact prolongé avec les observateurs.

La baleine bleue dresse sa nageoire caudale avant d'aller pêcher le krill en profondeur.

Trente mille baleines bleues ont été tuées au cours de l'année 1930. Bien que protégée, l'espèce n'a jamais reconstitué ses effectifs. On estime qu'il en reste 8 000 dans l'Antarctique et moins de 3 000 entre l'Atlantique Nord et le Pacifique Nord.

La baleine bleue n'a qu'un seul prédateur : l'orque. Pour lui échapper, elle peut pousser des pointes à plus de 30 km/h en surface, ou plonger à 200 m de profondeur et y rester de 20 à 30 min. Pour cette raison, les orques s'attaquent seulement aux baleineaux et aux individus malades.

Observer les cétacés en liberté

On peut rencontrer des cétacés dans tous les océans. Cependant, certains sites sont plus propices que d'autres à l'observation. En pleine mer, le contact sera bien meilleur s'il est organisé par des spécialistes enthousiastes, respectueux des animaux... et des observateurs.

Embouchure du Saint-Laurent (Québec, Canada)
De juillet à octobre, on y observe le bélouga, le rorqual commun, le petit rorqual, la baleine à bosse et la baleine bleue (ci-dessus).
Site Internet : www.baleinesendirect.net

Patagonie (Argentine)
D'août à novembre, la baleine franche australe vient mettre bas et se reproduire dans les eaux protégées du golfe de Valdés, offrant l'une des plus fortes concentrations de baleines au monde.
Site Internet : www.puntaballena.com.ar

Île de Vancouver (Colombie britannique, Canada)
De juillet à octobre, c'est le site d'observation des orques par excellence. Plusieurs organisations proposent des sorties dans le détroit de Johnston. Il vaut mieux éviter les énormes bateaux de croisière, peu pratiques.
Site Internet : www.vancouverwhalewatch.com

Pour une même espèce, les règlements de whale watching diffèrent considérablement d'un pays à l'autre. Ainsi, en Afrique du Sud, il est interdit d'observer la baleine franche à moins de 300 m alors qu'en Patagonie (Argentine), elle peut être approchée à 100 m.

De plus en plus souvent, les bateaux de whale watching sont équipés d'hydrophones. Ces micros étanches immergés, reliés à un enregistreur ou à un haut-parleur, permettent d'ajouter le son à l'observation visuelle.

Lagons de Basse-Californie (Mexique)

De décembre à mars, on y observe la baleine grise sur ses lieux de reproduction. Trois lagons offrent des possibilités de *whale watching* : Scammon Lagoon, San Ignacio Lagoon et Bahia Magdalena. Chacun a sa propre organisation.
Site Internet : www.bajaquest.com/whales.htm

Île de Pico (Açores, Portugal)

Ce site unique au monde est incontournable. On peut y rencontrer 22 espèces différentes de cétacés, parmi lesquelles le cachalot, le dauphin de Risso, le dauphin commun, le dauphin tacheté, le dauphin bleu et blanc, le globicéphale tropical, l'orque, diverses baleines à bec, la baleine bleue, le rorqual commun, le rorqual boréal, etc.
Site Internet : www.espacotalassa.com

Île de Rurutu (Archipel des Australes, Polynésie française)

Dans cette île de Polynésie où la baleine à bosse vient mettre bas et se reproduire, on peut encore nager en sa compagnie. Les sorties en mer s'effectuent à bord de petits bateaux de pêche locaux, de juillet à octobre.
Site Internet : raiemantaclub.free.fr/

Sanctuaire de la mer Ligurienne (Méditerranée)

Chaque été, entre les côtes françaises et italiennes et la Corse, on observe le cachalot, le rorqual commun (ci-dessous), le dauphin bleu et blanc, le dauphin de Risso, le globicéphale noir, etc. Des croisières sont organisées à partir de La Ciotat et de Bandol, entre autres.
Site Internet : www.association-cetus.com

Kaikoura (Nouvelle-Zélande)

Face à Kaikoura, sur l'île du Sud, une remontée permanente de plancton* maintient toute l'année une population de cachalots et de dauphins obscurs (lagénorhynques).
Sites Internet : www.whalewatch.co.nz (observation des cachalots) ; www.dolphin.co.nz (nage avec les dauphins).

Dans le monde entier, les autorités chargées de la protection de l'environnement interdisent progressivement les programmes de nage avec les dauphins. Le non-respect des règles d'approche et le harcèlement des animaux sont les principales causes invoquées.

Un excellent site Internet britannique, édité par la Whale and Dolphin Conservation Society *(Société de protection des baleines et des dauphins), informe ceux qui veulent en savoir plus sur les cétacés et le* whale watching *dans le monde : www.wdcs.org*

Lexique

Binoculaire
Se dit d'une vision obtenue en même temps par les deux yeux. Les deux images semblables, formées chacune dans un œil, sont envoyées au cerveau qui les analyse et reconstitue une vue en relief. La preuve : si l'on ferme un œil, on perd cette impression de relief.

Bioluminescence
Lumière produite naturellement par un être vivant, comme le ver luisant visible la nuit. Cette lumière provient de cellules lumineuses, les photophores, sortes de lampes minuscules présentes sous la peau.

Condensation
Passage d'un gaz à l'état liquide ou solide. De l'air chaud et humide peut se condenser en un nuage de fines gouttelettes d'eau.

Cristallin
Matière transparente, principale composante de l'œil. Les rayons lumineux traversent d'abord la pupille, puis le cristallin, avant d'atteindre la rétine.

Décompression
Diminution progressive de la pression sur un corps. Lorsqu'il remonte vers la surface, un être vivant (homme ou animal) subit une pression de l'eau de moins en moins forte. Une remontée trop rapide entraîne la formation de bulles d'air dans son sang et peut provoquer une paralysie, ou même la mort.

Densité
On dit qu'une matière est plus dense qu'une autre si, pour un même volume, elle pèse plus lourd. Par exemple, le fer a une densité (7,8) plus élevée que l'eau (1,0).

Échelle alimentaire
Pour définir "qui est mangé par qui", on place tous les êtres vivants, du plus vulnérable au plus fort, sur une échelle imaginaire, du bas vers le haut. Dans l'océan, le bas de l'échelle est occupé par le plancton*, et le sommet par l'orque et le requin, les plus gros prédateurs.

Estuaire
C'est la partie du fleuve qui se jette dans la mer. De forme évasée, cette zone est soumise à l'action directe des marées et abrite une faune et une flore importantes.

Féconder
Dans la reproduction animale sexuée, la fécondation (action de féconder) est accomplie lorsque la cellule mâle (spermatozoïde) s'est associée à la cellule femelle (ovule) pour constituer un œuf.

Gestation
État d'une femelle qui porte son petit, depuis la fécondation* jusqu'à l'accouchement.

Glandes lacrymales
Glandes qui sécrètent les larmes.

Gravide
Se dit d'une femelle de mammifère qui porte son petit.

Hémoglobine
Élément organique qui assure le transport de l'oxygène dans le sang. Plus son sang est riche en hémoglobine, plus un animal peut rester longtemps sans respirer.

Hydrodynamique
Conçu pour atténuer la résistance de l'eau. Les animaux les plus hydrodynamiques sont les poissons et les cétacés, dont la forme fuselée est parfaitement adaptée aux déplacements dans l'eau.

Maxillaire
Os constituant les mâchoires. La mâchoire supérieure est aussi appelée maxillaire supérieur et la mâchoire inférieure, mandibule.

Moratoire
Acte qui accorde un délai. La Commission Baleinière Internationale (CBI) vote régulièrement un moratoire, période durant laquelle la chasse de telle ou telle espèce est interdite.

Muqueuse
Membrane qui recouvre les cavités de l'organisme (bouche, estomac, intestin...). Elle est protégée par le mucus, un liquide transparent sécrété par les glandes muqueuses.

Myoglobine
Élément organique qui assure la fixation de l'oxygène dans les muscles, comme l'hémoglobine* le fait dans le sang.

Olfactif
Relatif à l'odorat, à la perception des odeurs.

Onde sonore
Vibration qui se déplace en s'éloignant par vagues de son point d'émission. Les ondes sonores sont perçues par les êtres vivants grâce aux organes auditifs.

Plancton
Ensemble des organismes, généralement de très petite taille, qui vivent en suspension dans l'eau de mer.

Rostre
Partie allongée située en avant de la tête de certains animaux. Pour les dauphins, on parle aussi de "nez" ou de "bec".

Sonder
Pour un cétacé, sonder signifie plonger à la verticale. L'expression vient sans doute de la sonde, un plomb attaché à l'extrémité d'un fil, jadis utilisée par les navigateurs pour évaluer la profondeur de l'eau.

Ultrason
Vibration sonore supérieure à 20 000 Hertz, non perceptible par l'oreille de l'homme.

Index

Références iconographiques

1re de couverture hg : Davis/Stone/GETTY IMAGES ; hd : G. Lacz/SUNSET ; b : C. Drochon – 4e de couverture hd : Schafer Kevin/Peter Arnold/BIOS ; bg : BBC – Page de titre h : F. Desbordes ; b : SUNSET/ALASKA STOCK – 3 bd : F. Desbordes – 4 h et m : C. Drochon ; b : G. Soury – 5 h et m : F. Desbordes ; b : G. Lacz/SUNSET – 6 : C. Drochon – 7hd : C. Drochon ; b : M. Simonetti – 8 : G. Soury – 9 h : G. Soury ; m : J. Cassou/BIOS ; b : J. L. Rotman/BIOS – 10 h : H. Hall/OSF/BIOS ; bg : BBC ; bd : F. Desbordes – 11 h : R. Van Meurs/FOTONATURA/BIOS ; b : F. Desbordes – 12 hd : F. Gohier/PHONE ; mgh : F. Desbordes ; mgb : G. Soury ; bg : F. Desbordes ; bd : G. Soury – 13 hg et hd : G. Soury ; m : F. Desbordes ; bg : Klein-Hubert/BIOS ; bd : M. Denis-Huot/BIOS – 14-15 : G. Soury – 15 b : C. Drochon – 16 : G. Soury – 17 hg : G. Soury ; bg : G. Soury ; d : F. Desbordes – 18 h : J. P. Sylvestre/BIOS ; b : N. Rosing/BIOS – 19 h : G. Soury ; m : F. Desbordes ; b : D. Watts/BIOS – 20 : G. Soury ; 21 : G. Soury – 22 h : M. Denis-Huot/BIOS ; b : G. Soury – 23 m : G. Soury ; b : D. Allan/OSF/BIOS – 24 h : G. Soury ; b : C. Drochon – 25 h : Y. Tavernier/BIOS ; b : C. Drochon – 26 h : G. Soury ; b : C. Drochon – 27 h : J. L. et F. Ziegler/BIOS ; m : G. Soury ; b : F. Desbordes – 28 : G. Soury – 29 m : G. Soury ; b : G. Lacz/SUNSET – 30 hg : F. Desbordes ; hd : BBC ; b : F. Desbordes – 31 hg : C. Drochon ; hd : BBC ; b : C. Drochon – 32-33 : G. Soury – 34 : G. Soury – 35 : G. Soury – 36, 37 et 36-37 : G. Soury – 38 : G. Soury – 39 : C. Drochon – 40-41 : G. Soury – 42 hg et d : G. Soury ; m et b : C. Drochon – 43 h : G. Soury ; b : C. Drochon – 44 h : M. Roggo/BIOS ; b : BBC – 45 h : G. Soury ; bg : BBC ; bd : J. P. Ferrero/PHONE – 46 h : G. Dagli Orti/Dagli Orti ; b : *Le Cachalot*, gravure de William Home Lizars in *Sir William Jardine's Naturab*, Natural History Museum, Londres/ GIRAUDON/ BRIDGEMAN ART LIBRARY – 47 : CORBIS/KIPA – 48 h : G. Soury ; b : G. Martin/BIOS – 49 h : BBC ; b : M. Breuil/BIOS – 50 h : R. Seitre/BIOS ; b : G. Soury – 51 h : G. Soury ; m : BBC ; b : G. Soury – 52 hd : G. Martin/BIOS ; mg, md, bg et bd : G. Soury – 53 hg : G. Soury ; hd : J. Watt/PANDA PHOTO/BIOS ; md : F. Bruemmer et P. Arnol/BIOS ; bd : M. et C. Denis-Huot/BIOS – 52-53 : G. Soury – 54 h : H. Ausloos/BIOS ; b : J. J. Alcalay/BIOS – 55 : Klein-Hubert/BIOS – 56 et 57 : F. Desbordes – 58 h : F. Gohier/PHONE ; b : G. Soury – 59 : G. Soury – 60 : SUNSET/NHPA – 61 h : F. Desbordes ; m et b : SUNSET/DIA CONTACT – 62 : SUNSET/ALASKA STOCK – 63 h : G. Lacz/SUNSET ; m : C. Guinet/BIOS – 64 : F. Desbordes – 65 h : F. Desbordes ; b : F. Savigny/BIOS – 66 h : G. Soury ; b : BBC – 67 h : G. Soury ; b : BBC – 68 : K. Howard/SUNSET – 69 h et b : SUNSET/HORIZON VISION – 70 : Y. Lefevre/BIOS – 71 : G. Soury – 72 : G. P. Robles/BIOS – 73 : G. Soury – 74, 75 et 74-75 : G. Soury.

Fond de la frise : photo G. Soury.
Les pictogrammes illustrant la frise ont été dessinés par N. Julo.
Le logo de la collection a été dessiné par C. Drochon.
Les cartes ont été préparées par F. Faucheux.

VOIR LES ANIMAUX

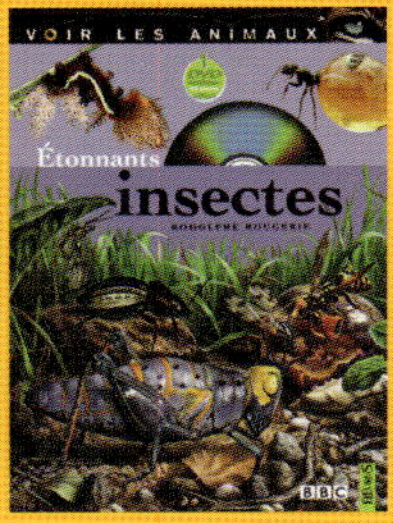

VOIR L'HISTOIRE

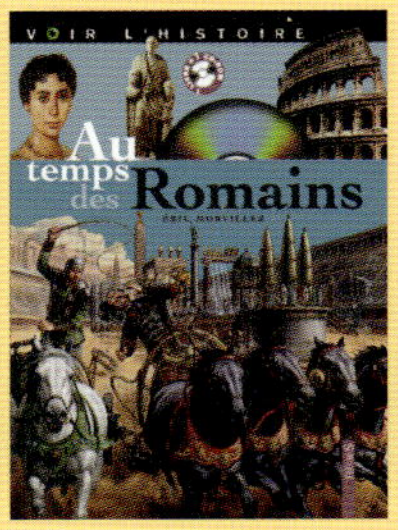

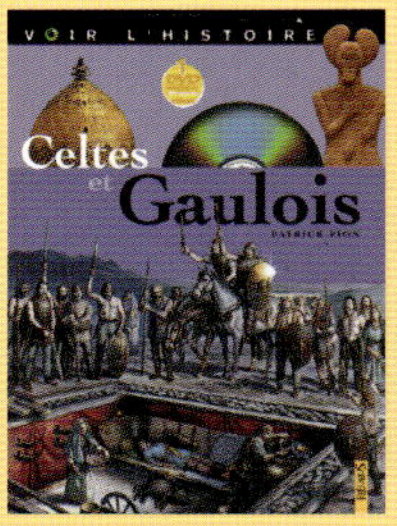

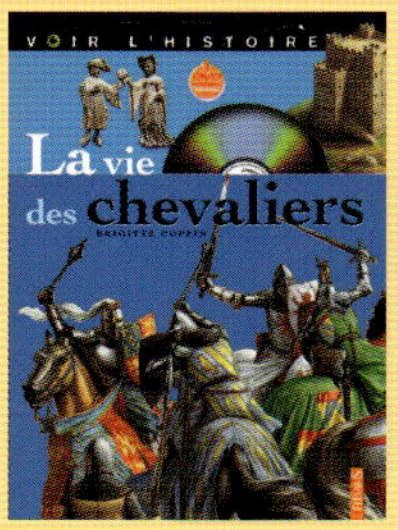

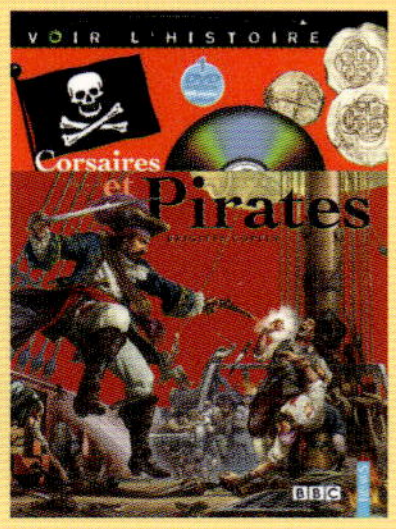